本书得到吉林省社会科学院出版补贴资助的支持

马克思和卢梭的
思想关系研究

On the Intellectual Relationship between
Marx and Rousseau

郝菲菲　著

中国社会科学出版社

图书在版编目（CIP）数据

马克思和卢梭的思想关系研究 / 郝菲菲著. -- 北京：
中国社会科学出版社，2024.9. -- ISBN 978-7-5227
-4124-6

Ⅰ. A81；B565.26

中国国家版本馆 CIP 数据核字第 20247AR111 号

出 版 人	赵剑英	
责任编辑	刘亚楠	
责任校对	张爱华	
责任印制	张雪娇	

出 版	中国社会科学出版社	
社 址	北京鼓楼西大街甲 158 号	
邮 编	100720	
网 址	http://www.csspw.cn	
发 行 部	010-84083685	
门 市 部	010-84029450	
经 销	新华书店及其他书店	

印 刷	北京君升印刷有限公司	
装 订	廊坊市广阳区广增装订厂	
版 次	2024 年 9 月第 1 版	
印 次	2024 年 9 月第 1 次印刷	

开 本	710×1000 1/16	
印 张	13.5	
插 页	2	
字 数	224 千字	
定 价	88.00 元	

目　录 ♪

绪　　论

马克思和卢梭的思想关系是马克思主义哲学史研究中不容回避的重要理论问题之一，也是隐匿在全部哲学史中的一个极为深刻的问题。随着当代政治哲学的兴起，学者们在挖掘马克思政治哲学何以可能之时更加关注卢梭政治哲学的重要影响。除了直接研究马克思从卢梭那里获取的理论资源，还以德国古典哲学为中介，研究从卢梭经过康德、黑格尔到马克思的思想发展演变历程，间接地寻找马克思和卢梭的思想关系。全面理解马克思和卢梭的思想关系对于深入分析马克思的唯物史观及其思想实质至关重要。因此，马克思和卢梭的思想关系研究仍然是一个重要的研究课题。

一　选题的目的和意义

（一）选题研究的目的

第一，现在国内政治哲学的研究方兴未艾，成果数量比较多，特别是关于马克思主义政治哲学的讨论更为激烈，通过从政治哲学角度研究卢梭和马克思的思想关系来尝试介入当代前沿的讨论。

第二，目前关于政治哲学的讨论，借助当代西方政治哲学的成果比较多，更多的是讲罗尔斯、诺齐克等政治哲学家，但是，对亚里士多德、卢梭以及青年黑格尔派对政治哲学的建构性作用，论述还不是很充分。本书通过对卢梭政治哲学的解读，梳理西方政治哲学的发展谱系。

第三，卢梭的政治哲学的论域和马克思哲学的论域有极大的相似度，卢梭的关于不平等的根源是私有财产、市民社会、人民主权学说、通过公意让渡权利达成契约，自由平等观、共同体思想等都引起了马克思的高度重视。马克思辩证地消化了这些思想资源，从而建构出这个自己的独特的哲学理论，指出在政治思想方面马克思对卢梭的继承、批判、超越和扬弃。

第四，研究卢梭和马克思的思想关系可以展开从卢梭、康德、黑格尔到马克思思想发展的逻辑链条，厘清马克思思想变化的缘由和脉络，将马克思对卢梭思想的扬弃过程完整地体现，进而指出马克思的唯物史观与卢梭所代表的政治哲学在实质上的不同。

（二）选题研究的意义

1. 理论意义

第一，更新马克思哲学思想来源的分析和阐释框架。近年来虽然国内对卢梭和马克思的关系研究日益丰富，普遍意识到卢梭思想是马克思、恩格斯思想的众多来源之一，但是对于卢梭对马克思思想转变中的关键性作用还没充分发掘，卢梭在马克思哲学形成过程中的重要地位没有得到应有的重视。明确马克思思想的卢梭来源，可以加深理解马克思思想转变的过程。以康德和黑格尔为中介来分析卢梭对马克思思想的影响，可以有效理解政治哲学在马克思早期哲学转变过程中的重要作用。在政治哲学整体的视角下研究从卢梭到马克思的思想关系，指出社会思想、德国哲学、激进民主理论、空想社会主义理论在一系列重大理论问题上的传承、拓展和创新关系，可以更好地理解马克思哲学变革的思想史渊源和学术史意义。

第二，对卢梭政治哲学的核心观点和关键词进行研究与当代阐释。卢梭作为一个备受争议的政治哲学家，受到了很多现代哲学家的批判，认为卢梭误导了现代自由，是集权主义的来源，导致了法国大革命，也误导了马克思。本书从卢梭文本出发，指出平等、自由、民主、公意、共同体思想的内在联系和逻辑统一性，强调"公意"思想是卢梭政治哲学的核心思想，并在此基础上建立了自己的政治哲学体系。马克思深受卢梭政治哲学的影响，以卢梭的理论资源为参照构成马克思政治经济学批判的重要前提，实现对资本主义的批判及对共产主义的描绘。

第三，对马克思和卢梭的思想关系进行了全面的分析和解读。马克思和卢梭的思想中有很多相似的地方，如早有预见地对现代性的批判、对自然的尊重、对自由和平等的强烈追求，对共同体的热情期待。但卢梭由于受到个人和时代的限制，其理论存在很多困境和理想化色彩，马克思沿着卢梭开辟的道路解决了卢梭的问题，将其核心思想公意落到实处，将其理想化的政治方案变成更加现实和科学的革命道路。

2. 现实意义

马克思主义是我们党的指导思想，也是我们党确定执政理念的精神和智力保障。从政治哲学的角度分析马克思和卢梭的思想关系，有利于丰富马克思的政治思想来源和理论依据。国家治理体系和治理能力现代化要求我们了解西方政治哲学的发展脉络和马克思主义政治思想，从西方政治哲学中去粗取精，将马克思主义政治思想与中国的现状相结合，以推进我们的中国式现代化建设。

卢梭的平等、民主、个体自由与共同体的统一等观点，已经融入西方自由民主制度的主流传统观念之中，成为当代西方政治实践中的真理。而马克思从经济基础和物质生产劳动出发，主张通过自由劳动者的联合，提高生产力的水平，追求的是共同体中每一个人的全面自由发展这个更为崇高的哲学目标，我们可以从中把握到更加丰富的人性内涵和自由精神，以及中国式现代化社会中自我提升的巨大潜力。因此，无论是从当代社会的现实还是从未来社会的可能性来说，马克思与卢梭的思想关系研究都仍然具有重要的现实意义，同时对于我们今天建设中国特色社会主义法治社会的理论建构具有重要的参考价值。

二 国内外相关文献综述

以"马克思和卢梭的思想关系"为主题的文献，在国外常见于关于政治哲学史的著作中，在国内以论文形式的成果比较常见；此外，也有个别著作中涉及相关观点的研究。这一主题涉及卢梭在西方政治思想史的地位，卢梭的政治哲学以及从卢梭经过康德、黑格尔到马克思的思想发展过程的研究。

（一）国外研究现状

1. 西方政治哲学思想史中关于卢梭、马克思思想及其关系的介绍

美国学者 Harvey C. Mansfield 的《政治哲学学生指南》（*A Student's Guide to Political Philosophy*）中简要而精准地介绍了从苏格拉底到近代柏克的政治哲学。其中专门一小节拟题为"市民的自我"介绍卢梭的政治哲学，称卢梭为现代性伟大的批判者。卢梭通过公意将市民变成公民，称为"新人"。人们把他们个别的权利"让渡"给集体，并通过这个让渡的行动，一举创造了集体和引导它的公意。这种近乎全新的人将生活在一个新的公意的社会之中，而这种公意，则使这个社会在无须应对党派或自私之分的情况下做出决断。在卢梭之后，康德、马克思等都开始创造新人的尝试。康德创立了"无上命令"（categorical imperative）——如他所说的那样，即一个人应该只在普世法则而非特殊（个别）的义务和私人的动机的基础上行动的新道德。马克思表达了一种共产主义的理论，批判了资产阶级社会分工劳动迫使人过着狭隘生活扮演单面角色的人，期待新的共产主义的人。

罗尔斯的《政治哲学史讲义》关注了近代西方几个最重要的哲学家，其中包括卢梭和马克思。罗尔斯认为卢梭的思想是深刻的，

也是连贯统一的，卢梭代表着另一个世纪的开端，他抵制和拒绝旧秩序。他还认为关于政治哲学的最伟大的德语作品——比如康德、黑格尔和马克思的著作——完成得并不是很好；实事求是地说，它们常常写得相当糟糕。① 可见，罗尔斯对于马克思政治哲学的评价不如对卢梭的评价高，在书中，罗尔斯并没有过多地谈及二者思想直接的联系。

萨拜因在《政治学说史》中就曾提出卢梭"对社会的再发现"开启了包括黑格尔和马克思在内的一个全新社会理论传统。但同时，萨拜因认为马克思哲学更是黑格尔哲学的继续，他们的哲学是一种历史哲学。② 萨拜因看到了卢梭对社会的发现启发了黑格尔与马克思，但是并未过多着墨介绍其如何影响的马克思，而是用大量的篇幅说明马克思和黑格尔哲学之间的关联。

施特劳斯与克罗波西主编的《政治哲学史》指出："卢梭对市民社会和财产的优越性提出质疑，为后续探索超越市民社会的社会开辟了道路。马克思拒绝了那种认为财产和市民社会或政治生活是人类和平、繁荣和体面的存在的绝对前提的观点……"③ 施特劳斯、克罗波西进而提出："在卢梭那里只是有限制地提示的东西，在马克思那里却成了一个自信的预言的教条主义的核心……"④ 在施特劳斯看来，卢梭的某些观点被马克思所继承并发展为其核心思想，尽管施特劳斯并不都是在积极的意义上看到卢梭对马克思的影响，但毫无疑问的是，二人认同马克思与卢梭存在一些思想上的共同之处。

---

① ［美］约翰·罗尔斯：《政治哲学史讲义》，杨通进、李丽丽、林航译，中国社会科学出版社 2011 年版，第 194 页。

② ［美］乔治·萨拜因、托马斯·索尔森：《政治学说史》，邓正来译，上海人民出版社 2015 年版，第 568 页。

③ ［美］列奥·施特劳斯、约瑟夫·克罗波西：《政治哲学史》（上、下），李天然等译，河北人民出版社 1993 年版，第 967 页。

④ ［美］列奥·施特劳斯、约瑟夫·克罗波西：《政治哲学史》（上、下），李天然等译，河北人民出版社 1993 年版，第 977 页。

麦克里兰所撰写的《西方政治思想史》列举了四种对卢梭的批判，提到卢梭几乎是单枪匹马地引起法国大革命，他还认为马克思有对卢梭的社会契约论自由观念的回响。① 此外，罗素的《西方哲学史》、唐纳德·坦姆的《观念的发明者：西方政治哲学导论》、沃林的《政治与构想：西方政治思想的延续和创新》等，这些成果基本是以梳理西方政治哲学的发展线索为主，都很有参考价值。

2. 卢梭政治哲学思想的解读

在国外，美国学者马斯特的《卢梭的政治哲学》是英语学界研究卢梭政治哲学的奠基性著作，马斯特认为卢梭的哲学著作是一个连贯的整体，这与卢梭对自己著作的定位是一致的，卢梭认为他的著作的根本统一性在于他所做的"人性本善"的论断，他的立场是返回古典，而卢梭的困境在现代观念的科学乐观主义与古代哲学的政治悲观主义之间做一对质。马斯特也指出了卢梭对马克思的影响：财富差异迫使每个人为了生存而不得不去依靠他人……财产权导致了非自然的不平等，而从非自然的不平等中又生出罪恶，这种观念对马克思的思想产生了巨大影响；当代有关人的"异化"的观念，很大程度上都是源于卢梭提出的、在马克思的早期著作中得到强调的财产权批判。②

施特劳斯《自然权利与历史》指出，现代性的第一次危机出现在卢梭的思想中。③ 施特劳斯指出，在卢梭的思想中，自然法的地位被公意所取代，每个人服从于公意也就是共同组成的公共社会的意志，因此具有社会自由。既然将自己全部的权利都让渡给了社会，

---

① ［美］约翰·麦克里兰：《西方政治思想史》，彭淮栋译，海南出版社 2003 年版，第 614 页。

② ［美］马斯特：《卢梭的政治哲学》，胡兴建、黄涛等译，华东师范大学出版社 2013 年版，第 245 页。

③ ［美］列奥·施特劳斯：《自然权利与历史》，彭刚译，生活·读书·新知三联书店 2003 年版，第 252 页。

人们就丧失掉了不服从社会的裁定而向自然权利申诉的权利：所有的权利都成了社会性的权利。自由社会植根和依赖于实在法对自然权利的吸纳。

登特在《卢梭》中评价了卢梭的大部分作品，分析了卢梭的论证，在第八章中评价了卢梭的遗产和影响，特别提到了卢梭对康德、黑格尔与马克思的影响。比如，康德的政治思想中有许多讨论共和国本性和公民义务的内容，显然带有卢梭的印记。康德在构建自己的理论体系时，非常重视人们彼此间的认同和尊敬，这与《爱弥儿》中的论述如出一辙。[①] 然而，登特认为黑格尔按照自己的观点塑造了卢梭的想法，误解了卢梭。卢梭与马克思有很多共同的关注点，有值得对比的惊人之处。[②]

苏联学者勃·姆·别尔纳狄涅尔在《卢梭的政治哲学》中分析了卢梭哲学产生的社会经济条件，指出他在否定文化的学说中的民主趋向，论述了卢梭的人人平等、社会契约和人民主权学说，在最后说明卢梭对 18 世纪末法国资产阶级革命和俄国民主主义思想发展的影响。吉尔丁在《设计论证》中指出，卢梭的《社会契约论》从政治权利的原则出发，讲的是谁应该统治的"大问题"。吉尔丁说卢梭试图确定在政治社会中指定具有合法的、可靠的规则，以管理社会事务，卢梭不仅确立政治权利的真正原则，并且试图将国家建立在这个基础上。政治自由在卢梭思想中占据最重要的位置，是最高目的。他的解决方案是平等，而要实现平等就必须形成合法主权。

3. 卢梭和马克思的思想关系

意大利的实证主义马克思主义学者沃尔佩的《卢梭和马克思》

① 　[英] 尼古拉斯·登特：《卢梭》，戴木茅译，华夏出版社 2019 年版，第 229 页。

② 　[英] 尼古拉斯·登特：《卢梭》，戴木茅译，华夏出版社 2019 年版，第 234 页。

是最直接地介绍卢梭和马克思思想关系的著作。沃尔佩立场鲜明地否定了马克思与黑格尔之间的思想联系，并指出马克思的《黑格尔法哲学批判》是一部自始至终渗透着典型的卢梭人民主权思想的著作①。此外，他还指出马克思继承了卢梭关于自由、平等的思想，但是马克思用历史唯物主义的阶级斗争方法取代了卢梭的资产阶级方法。沃尔佩否定了马克思与黑格尔的思想渊源，旗帜鲜明地指出了卢梭的平等主义的理论框架和科学社会主义的理论框架之间的系统关联。他认为，"对人的人身的真正民主的理解是卢梭留给我们的革命遗产，而且这一遗产在今天仍然具有生命力"②。

英国的马克思主义学者伯尔基在《马克思主义的起源》中指出，"卢梭的社会主义"尚处于胚胎期，并且唯物主义在其历史进步观点中尚还温和，实际上，另一种要素在他对不平等和文明的批判中也展示出来了，特别是在今天，这种批判在马克思主义起源当中意义显得尤为重大。③此外，伯尔基认为卢梭对文化和文明的批判，在某种程度上是一种深刻的现代性的内在批判，这是马克思主义的一个重要源泉。马克思主义完全可被看成是卢梭主义的政治理论和斯密的社会科学改编和总和——当然，更长远的发展一是在激进民主主义和革命共产主义中，二是在劳动经济学和乌托邦社会主义中。④

麦卡锡在《马克思与古人》中"马克思早期的民主理论：自由主义民主制与对黑格尔国家理论批判"一节中指出，《黑格尔法哲学批判》里提倡的民主制与国家观点属于卢梭和黑格尔这一传统，并

---

① ［意］德拉-沃尔佩：《卢梭和马克思》，赵培杰译，重庆出版社 1993 年版，第 136 页。

② ［意］德拉-沃尔佩：《卢梭和马克思》，赵培杰译，重庆出版社 1993 年版，第 128 页。

③ ［英］伯尔基：《马克思主义的起源》，伍庆、王文扬译，华东师范大学出版社 2007 年版，第 60 页。

④ ［英］伯尔基：《马克思主义的起源》，伍庆、王文扬译，华东师范大学出版社 2007 年版，第 78 页。

非属于洛克和孟德斯鸠传统，因为后者将投票看成是个体论的一种表现，以及是处于政治权力分化背景中的权利，甚至这部作品是马克思通过卢梭的眼睛来阅读黑格尔的。① 马克思从卢梭那里汲取了一系列的主题，包括直接民主制的重要性、通过区分公意和众意的民主制把自由定义为一个社会范畴而非个人范畴。

布鲁姆在《巨人与侏儒》中指出，卢梭关心一种更高的、非金钱的道德，这是康德先验论的基础。他对现代经济学的批判和对私有财产制的疑问，是社会主义，尤其是马克思主义的根基。② 从自然状态到公民社会发展的历史较之人的自然，对人来说逐渐来得更为本质，并因此成就了历史主义。③ 私有财产对卢梭来说是人类持久悲惨处境的根源，卢梭教导说，占有的内在逻辑将使财富越来越集中于少数人之手，并完全剥夺了穷人，使他们丧失致富的手段，马克思追随了卢梭的这个教诲。④

洛维特在《从黑格尔到尼采》中指出，黑格尔的市民社会与卢梭的市民社会是建立在不一样的两个传统之上的，而马克思是一个受黑格尔教育的后继者，对他来说，普通的阶层既不是小市民（卢梭），也不是有公职的公民（黑格尔），而是无产者。⑤ 总体来说，马克思是透过黑格尔的滤镜来看待卢梭的。阿尔都塞在《政治与历史：从马基雅维利到马克思》的卢梭部分，提出错位的概念，他认

---

① ［美］麦卡锡：《马克思与古人古典伦理学、社会正义和 19 世纪政治经济学》，王文扬译，华东师范大学出版社 2011 年版，第 205—254 页。

② ［美］布鲁姆：《巨人与侏儒——布鲁姆文集》，秦露、林国荣、严蓓雯等译，华夏出版社 2003 年版，第 201 页。

③ ［美］布鲁姆：《巨人与侏儒——布鲁姆文集》，秦露、林国荣、严蓓雯等译，华夏出版社 2003 年版，第 204 页。

④ ［美］布鲁姆：《巨人与侏儒——布鲁姆文集》，秦露、林国荣、严蓓雯等译，华夏出版社 2003 年版，第 210 页。

⑤ ［德］卡尔·洛维特：《从黑格尔到尼采》，李秋零译，生活·读书·新知三联书店 2006 年版，第 333 页。

为卢梭哲学是一整个链条式的错位，而康德和黑格尔对卢梭的解读都是以错位为基础的，因此这些砍向卢梭的解读，并没有击中要害。① 而马克思也是这个错位链的继续。阿尔都塞的学生朗西埃更为激进，他批判了卢梭的民主制和社会契约论，在《歧义：政治与哲学》一书中，他从马克思主义立场出发认为卢梭的民主是一定范围内的、资产阶级的民主，这就是朗西埃的"歧义"，从而否定了马克思和卢梭的关系。

（二）国内研究现状

1. 卢梭政治哲学对康德、黑格尔的影响

张盾、田冠浩在《卢梭的问题 康德的回答——重思康德先验伦理学的动机》一文中介绍了卢梭如何引发康德的伦理学研究，指出康德在面对卢梭的现代性批判和指责时，他极力为启蒙做出辩护。康德挽救现代性的方案是去除自然化，让理性更加纯粹，从而实现道德的普遍化，为卢梭的公意增加了先验的基础。②

邓晓芒在《从黑格尔的一个误解看卢梭的"公意"》一文中指出，黑格尔在《法哲学原理》中多次提到卢梭的社会契约论和公意学说，但是他误解了卢梭的公意，为卢梭公意思想做出澄清，说明了公意的理性根源和哲学基础，以及社会风俗习惯根源。邓晓芒认为这也是黑格尔国家哲学的失之偏颇之处，在国家理论方面他甚至是不及卢梭的，马克思也认识到了这一点。③

张盾、袁立国在《对社会的再发现：从卢梭到马克思》一文中指出，从卢梭开始重视公共领域，提倡具有普遍性的共同体。卢梭

---

① ［法］路易·阿尔都塞：《政治与历史：从马基雅维利到马克思（1955—1972 年高等师范学校讲义）》，吴子枫译，西北大学出版社 2018 年版，第 414 页。

② 张盾、田冠浩：《卢梭的问题 康德的回答——重思康德先验伦理学的动机》，《社会科学》2008 年第 9 期。

③ 邓晓芒：《从黑格尔的一个误解看卢梭的"公意"》，《同济大学学报》2018 年第 2 期。

之后，康德和黑格尔哲学都从不同的角度展开了对普遍性的建立工作。马克思也接受了卢梭的公民概念，并确立了公民权，对私有财产进行批判，构想自由人联合体，实现人的全面解放。此外，张盾认为马克思的类存在概念也应该追溯到卢梭，对财产权的合法化是对卢梭政治哲学的重大创新。[①]

2. 马克思和卢梭思想关系

张盾在《"道德政治"谱系中的卢梭、康德、马克思》提出卢梭最先创立了道德政治，黑格尔、康德和马克思沿着卢梭所开创的道路将道德政治发展为完整的学术思想谱系。张盾以道德政治为主线，将马克思对卢梭思想的继承和扬弃展现出来，他指出马克思反对将政治问题道德化，将一般的权利扩展到财产权，特别是穷人的权利问题，马克进一步分析了资本和劳动，深入资本主义的生产方式之中，将卢梭的道德政治的先验化落实到现实中来，卢梭的道德政治被发展到顶点。[②]

杨君在《政治的道德基础：从卢梭到马克思》一文中，指出现代政治处于非道德的状态之中，现代政治的基础是不合法的。我们必须重建现代政治的合法性，卢梭试图建立普遍的伦理原则，以重塑公民道德重视公共精神。卢梭的道德政治思想经过康德、黑格尔的批判和改造，体现在德国古典哲学之中；最后，马克思将卢梭的普遍性落到了实处。[③]

高宣扬在《卢梭与马克思：政治的生命现象学探索者》中指出："卢梭和马克思政治哲学的共同点就是能够在人及其政治的历史互动

---

① 张盾、袁立国：《对社会的再发现：从卢梭到马克思》，《马克思主义与现实》2012 年第 3 期。

② 张盾：《"道德政治"谱系中的卢梭、康德、马克思》，《中国社会科学》2011 年第 3 期。

③ 杨君：《政治的道德基础：从卢梭到马克思》，《河南大学学报》2014年第 5 期。

中，体察生命的肉体和精神两方面相互渗透及相互激发，尤其感受到思想生命的脉动及其在政治活动中的创造力量，使他们敏锐地创造出符合时代精神并附有特定历史使命的生命现象学的政治哲学理论。"① 他认为卢梭对社会不平等的批判和社会契约论思想深刻影响了马克思的政治哲学，并体现在《黑格尔法哲学批判》中。

刘怀玉在《西方马克思主义对卢梭的政治哲学解读：以德拉-沃尔佩、阿尔都塞及朗西埃为例》中，首先分析了学界关于政治哲学思想的几种不同的解读模式，其中占统治地位的是新自由主义解读模式。而在传统的马克思主义视野中，卢梭是离马克思最近的资产阶级思想家，马克思主义是卢梭传统的延伸。刘怀玉认为马克思主义消除了卢梭遗产中的那些模糊不清的东西，科学主义解决了平等主义自由，而且解决了与此相关的能够实现这种自由的特定社会问题。② 在马克思看来，只有通过革命，才能建立起社会主义制度，促进社会发展进步，绝不是简单地照抄卢梭的政治共同体理想。

王东等在《从卢梭到马克思——政治哲学比较研究》中提出了马克思思想是对卢梭思想的继承、批判和创新。他从国家观与民主观两大主题出发，认为马克思的国家观受卢梭很大的影响，在卢梭思想的基础上，马克思将唯物论作为其哲学基础，赋予了卢梭的国家观、民主观以新的内涵，马克思从人们的实践活动和社会物质条件出发理解国家和民主的本质，从而更具有广泛性、历史性、实践性和可操作性，进而从根本上改造和超越了卢梭的政治哲学。③

---

① 高宣扬：《卢梭与马克思：政治的生命现象学探索者》，《马克思主义与现实》2012 年第 3 期。

② 刘怀玉：《西方马克思主义对卢梭的政治哲学解读：以德拉-沃尔佩、阿尔都塞及朗西埃为例》，《世界哲学》2020 年第 5 期。

③ 王东、王晓红：《从卢梭到马克思——政治哲学比较研究》，《教学与研究》2007 年第 6 期。

　　曾枝盛在《卢梭及其在马克思主义中的地位》中指出，认为马克思受到了卢梭的关于人的权利、平等思想的影响。但是，由于二人代表的阶级立场不同，不可夸大卢梭的地位。相较而言，空想社会主义者有许多具体的论点，譬如妇女解放、阶级斗争、社会发展等观点都被马克思称为"伟大"和"天才"的观点。马克思和恩格斯将卢梭看作资产阶级启蒙者，卢梭的理论知识是法国的社会主义和政治历史理论的重要组成部分，它与其他众多的理论一起共同对马克思恩格斯产生了影响。①

　　王培培在《马克思对卢梭政治哲学的认同、批判和超越》一文中指出，马克思一开始对卢梭政治哲学理论表现出认同和赞赏的态度，并在《黑格尔法哲学批判》中继承了卢梭的"公意"思想、接受了卢梭的民主制理论。而到《德法年鉴》时期，马克思对卢梭的态度由赞赏转为批判，在马克思看来卢梭最多实现的是"政治解放"，而马克思在《〈黑格尔法哲学批判〉导言》中提出人类解放的最高目标，并将希望寄托于无产阶级。接下来马克思在《1844年经济学哲学手稿》中，认为自然状态是对人类文明的否定，社会历史应该是由低级向高级迈进的过程。马克思后来在《德意志意识形态》中提出了历史唯物主义，强调人类解放是在政治、经济和意识形态领域的全面解放，从而实现每个人的解放，建构一个"自由人联合体"的共产主义社会，实现了对卢梭政治哲学的彻底超越。②

　　姜海波在《马克思"卢梭摘要"发微》一文中详细分析了马克思在《克罗茨纳赫笔记》中摘录的《社会契约论》。姜海波认为"卢梭摘要"是马克思思想转变过程的关键点，马克思准确地把握了

---

　　①　曾枝盛：《卢梭及其在马克思主义中的地位》，《马克思主义与现实》2012年第3期。

　　②　王培培：《马克思对卢梭政治哲学的认同、批判和超越》，《海南大学学报》（人文社会科学版）2017年第6期。

卢梭的公意思想，并运用于批判和检验黑格尔的结论，为《黑格尔法哲学批判》的写作准备了素材。"卢梭摘要"中呈现出的实践转向、政治经济学批判方法、所有制的历史作用及无产阶级的阶级利益等问题无疑是唯物史观的建构性要素。①

此外，陈海平，张庆侠的《从"公民权"与"市民权"的分裂看人的异化——卢梭、马克思现代性批判的契合点》，李晓兵、欧阳文川的《论"道德政治"谱系中的卢梭与马克思》，莫法有的《试论卢梭社会历史学说中的唯物史观因素》等文章都是卢梭和马克思关系研究的代表性文章。

通过以上文献综述的整理，可以发现卢梭和马克思思想关系的文献不在少数，集中于马克思对卢梭思想的继承和超越，学界越来越认识到卢梭思想是马克思思想的重要来源。还有一部分文献从某一角度如自由观、国家观、平等学说等方面阐述卢梭到马克思的思想变换过程，但是很少有从这个政治哲学角度分析从卢梭到马克思的发展历程，特别是国内缺少系统研究卢梭和马克思关系研究的专著，在文章中论述卢梭对马克思的影响多是从思想史上谈影响，从文本中找出对卢梭及其关键词的引文并不多见。在思想内容上，文献大多从卢梭对马克思的影响入手展开分析，而缺乏以卢梭是马克思的思想来源角度，更新理解马克思哲学思想的背景性的文献。因此，在马克思思想的卢梭来源研究还有待更充分的挖掘和探索。

近年来研究马克思政治哲学的文献越来越多，深刻发掘了马克思的政治思想，从不同的角度定义了马克思的政治哲学，从马克思思想中找到与政治相关的内容并将其阐发为政治哲学，甚至有一些著作文章将实践哲学、历史唯物主义都称作马克思的政治哲学。也有个别学者认为马克思没有政治哲学，持此种观点的文献少之又少。

---

① 姜海波：《马克思"卢梭摘要"发微》，《马克思主义与现实》2022年第6期。

三　研究内容与研究方法

(一) 研究内容

本书除导论和结语外，主体部分分五章阐述马克思和卢梭的思想关系。

第一章是卢梭政治哲学的思想史定位。通过梳理古希腊政治哲学到现当代政治哲学，可以发现卢梭在西方政治哲学史上占有着重要的地位。在古希腊，无论是苏格拉底、柏拉图还是亚里士多德都是追求"至善"的理性政治，这也是西方理性主义政治哲学的起点。起源于古希腊的自然正义理念，经斯多葛学派形成早期的自然法体系，近代格劳秀斯将自然法理论发展到顶峰，近代契约论政治哲学家们则以自然法学说为理论基础，论证了他们以个人自由和权利为目的和基础的政治社会的建构。近代早期哲学家霍布斯、洛克认为，人类理性先天具有自然法。欧洲启蒙哲学家霍布斯、洛克淡化了基督教形而上学基础，重新建构自然法和自然权利，创立了古典自由主义学说。卢梭的政治哲学正是在这样的理论背景中产生的，他结束了西方自然法传统，达到了契约论的顶峰，开启了西方政治哲学新的论域和议题。经过详细阐释了卢梭政治经济学的几个关键词之后，说明了卢梭的社会契约论是契约论思想的经典论证，达到了契约论思想的顶峰。由卢梭开创的自由平等、民主思想、正义观念引导了西方政治哲学的论域，奠定了现当代政治哲学的基调。

第二章是从卢梭到马克思的政治哲学历程。从卢梭到马克思，两个最重要的人物就是康德和黑格尔，二人的著作中体现着对卢梭思想的批判性吸收，同时，马克思深受以康德、黑格尔为代表的德国古典哲学的深远影响，其中必然带有卢梭的因素。首先，康德受卢梭影响开始关注人，尊重芸芸众生，他对伦理学的思考是也受到卢梭的"公意"思想所启发的，将其转化为"善良意志"，调节了自然与理性的矛盾。自由意志是康德道德哲学的理论前提，为此他颁布了道德律令，同时也为卢梭的道德政治增加了先验基础，但是康德道德哲学仍然是形式主义的。黑格尔注意到了康德的这一问题，并对此进行了批判，并赋予了道德以经济、政治的内涵，转向现实的社会伦理。马克思继承了黑格尔的这一思想，将道德问题置于社会政治经济之中。黑格尔的《法哲学原理》中不仅批判了康德的道德哲学，还批判了卢梭的政治哲学。黑格尔对卢梭的公意、契约、人民主权等学说进行了一一反驳，他站在自己的客观唯心主义立场反对卢梭将国家建立在个体之上的主观构想，提出自己的作为伦理最高实体的理念国家观。因此，卢梭、康德、黑格尔哲学思想之间的连续性与差异性是理解马克思的重要参考系，同时在马克思思想形成过程中起到关键性作用。

第三章是马克思对卢梭思想态度的几次转变。卢梭对马克思的影响是贯穿其一生的，但是马克思对卢梭的态度不是始终如一的。有文本考察，最开始接触卢梭文本是在克罗茨纳赫时期，在此之前马克思也是熟知卢梭著作的，在《克罗茨纳赫笔记》中马克思摘抄了历史—政治著作，特别是法国史相关著作，卢梭的《社会契约论》就是其中的重要一本。在《卢梭笔记》中，马克思基本原封不动地摘抄了原文部分内容，没有做过多评论。在写作《论犹太人问题》时引用了摘抄的语句。可以看出，在《德法年鉴》时期，马克思利用了卢梭的观点为自己的理论服务。在《1844年经济学哲学手稿》中，马克思对资本主义进行的批判的语气和方式同卢梭对现代性的批判有很大的相似度，此外，他还改造了卢梭的异化思想，并与浪漫主义彻底划清界限。在《德意志意识形态》中，马克思显示了他与卢梭的原则性的不同，他从生产力与生产关系的角度解释历史的发展，以自由人联合体的形式实现人类真正的解放。在《资本论》中，马克思分析了资本主义社会的内在矛盾，提出了自由人联合体的主张，将卢梭的政治愿景发展为科学论证，实现对卢梭的彻底超越。

　　第四章是马克思哲学思想中的卢梭因素。上一章从时间上展开马克思对卢梭思想态度转变的过程，这一章是主题上的深化。主要是经过了康德、黑格尔的中介之后，详细和统筹分析马克思的主要论域中的卢梭因素，总的来说是对第二、第三章观点的进一步深化。马克思认为，卢梭的契约论的国家是建立在原子式的个人基础之上的，这是资本主义的国家观。马克思也看到，卢梭不满足于用政治来解释国家的产生，也试将其与社会关系联系在一起。马克思批判了卢梭和黑格尔的国家观，反思了理性主义国家观，明确了产生于社会经济关系的国家真正起源，提出了国家消亡的主张。自由观也是从卢梭到马克思的一个不可忽视的主题，卢梭的道德自由启发了康德的伦理学思考，成为康德道德哲学的最高问题。康德以先验自由为根据，确立了实践自由的概念。黑格尔关于自由的论证始于他对卢梭—康德抽象的道德自由的反思，他将自由具体为社会政治经济活动，从而具有现实性。马克思吸收了黑格尔自由观的合理之处，并将自由进一步拓展为自由劳动、人的解放和个性自由全面发展。卢梭论述了私有权的起源，认为私有财产是导致一系列灾难和罪恶的根源，但是仍然承认私有权并立法给予保护。黑格尔则认为生命权大于财产权，在这一点上黑格尔与自由主义分开，而与马克思有了更密切的联系。马克思主张应去除私有权的合法化，是以生产资料占有为核心的生产关系。最后是卢梭的人民主权说被马克思批判地继承，卢梭的人民主权在实践上只能表现为资产阶级的特权。黑格尔用国家主权取代卢梭的人民主权，将国家作为普遍伦理的最高目标。马克思批判资产阶级民主和国家主权，提出人民民主思想，并给出了实现途径，是对卢梭人民主权说的根本超越。

　　第五章是马克思对卢梭思想的扬弃与超越。这里总结马克思与卢梭的思想关系，有继承也有批判；有相似之处，也有本质的不同和超越。马克思对资本主义的批判和卢梭对现代性的批判有着异曲同工之处；马克思对自然的尊重和卢梭对自然的敬畏，都主张保护自然，蕴含生态主义的情结；卢梭不拘泥于政治原因来解决现实问题，而是试图从社会关系中进行分析，马克思的唯物史观就是立足于生产力和生产关系的根本矛盾来阐释历史的发展进程，这也是马克思之所以成为马克思、对卢梭实现了根本超越之所在。对卢梭政治哲学在马克思思想中的地位进行综合评价，首先，在马克思早期政治哲学形成的过程中，卢梭起到了非常重要的作用，在马克思著作中留有很多卢梭的痕迹。其次，卢梭的政治哲学思想也是马克思唯物史观形成的必不可少的条件。最后，马克思将自己哲学落脚于全人类的解放，实现的路径和方法完全超越了卢梭空想的设计方案，而是需要进行社会革命的科学的论证，所以从根本上具有不同于政治哲学的性质。最后一节列举西方哲学史上关于马克思和卢梭思想关系的重要反响，深化全书主题。

（二）研究方法

1. 文献学文本学分析法。搜集整理所有论文相关的文献，力求精确且全面，对其进行分类、整理、解读和分析。从马克思著作及笔记中找出卢梭政治哲学的关键词出现的位置，进行详细阅读和考察，得出马克思对卢梭思想的态度和评价。

2. 逻辑与历史相结合的方法。本书首先梳理西方政治哲学史，分析卢梭政治哲学产生的理论背景。然后立足于从卢梭经过康德、黑格尔到马克思的思想发展历程，卢梭的思想在逻辑上经过德国古典哲学的发展在马克思那里形成了全新的理解视角，以此全面分析马克思和卢梭的思想关系。

3. 比较分析法。比较马克思和卢梭的思想关系，从文本上，找到二人研究的论域有无相似的地方；从主题上，对二人共同的研究主题进行比较和分析，最后总结马克思和卢梭的思想关系。此外，比较卢梭、康德、黑格尔、马克思哲学思想中的差异之处，准确分析从卢梭到马克思思想的发展历程。

四　创新之处

（一）研究视角创新。本书不是全面地比较马克思和卢梭的观点，也不是讨论两个人观点的直接相关性，而是试图去找寻找马克思阅读和研究卢梭著作时的特定立场、方法及由此引申出来的结论。

（二）学术思想的创新。本书不是对已有研究成果的简单复述，而是在既往对马克思、卢梭思想关系和德国古典哲学的中介作用研究基础上，详细分析马克思思想的发展历程中的卢梭因素，在对卢梭的批判、继承和超越中如何形成马克思的唯物史观。

（三）理论观点的创新。本书具有两大创新观点：一是卢梭与黑格尔一样是马克思同等重要的思想来源；二是"公意"思想是理解马克思和卢梭思想关系的中心线索。

第一章 卢梭政治哲学的思想史定位

政治哲学是哲学的一个分支，它以寻根求源、广泛而系统的方式探讨人类生活的问题。它是用关于事物本性的知识取代关于政治事物本性的意见的尝试。[①] 在古希腊政治哲学中可以找到现代政治哲学的前提——理性主义，自然正义逐渐演变为自然法，自然法进而发展为自然权利，近代政治哲学随之兴起。卢梭融合理性主义与自然权利理论之所长，克服了霍布斯、洛克的契约论思想之所短，成为社会契约论最经典的论证者。卢梭政治哲学的关键词——自然状态、自由平等、公意、人民主权、私有财产等，引发了后来现当代哲学家的广泛争论，引导了西方政治哲学新的论域和话题，奠定了现代政治哲学的基础。

第一节 前卢梭时代的政治哲学奠基

卢梭深受古希腊理性主义政治哲学传统影响，怀有古希腊德性城邦的古典情怀，又兼受近代自然法和契约论传统的洗礼。面对古典与现代的冲突、自然与文明的矛盾，卢梭对启蒙与科学进行了深刻的反思，在承继以往丰厚政治哲学遗产基础上形成了别具一格的、具有强烈现代性批判性色彩的政治哲学。

---

① ［美］施特劳斯：《什么是政治哲学》，李世祥等译，华夏出版社 2014年版，第 3 页。

一　古希腊传统理性主义的政治哲学

在通常意义上，苏格拉底被看作政治哲学的创始人。在柏拉图的《理想国》第一卷中，苏格拉底提出了什么是正义的问题。第一位被提问者是因其健康和虔诚而颇受尊敬的老者克法洛斯，他将正义视为讲真话和欠债还债；第二位被提问者是克法洛斯的儿子玻勒马霍斯，他坚持其父的说法，认为正义就是欠债还债，经过与苏格拉底的一番辩论后，最终引申为正义就是帮助朋友和损害敌人；第三位被提问者是一位缺乏教养的对话者色拉叙马霍斯，他认为正义是强者的利益。这三位被提问者的回答是层层递进式展开的，通过对色拉叙马霍斯回答的反诘，苏格拉底得出的是"技艺即正义"的答案，亦即"美德即知识"，认为正义的城邦将是一个工匠社会：士兵是城邦自由的工匠，哲学家是公共美德的工匠，神是永恒理念的工匠。正义就是实现城邦及个人灵魂的秩序，它是因其自身之故而值得尊重、值得选择的。最终得出这样的结论：一个人之正义的前提是其理性部分具有智慧且居于统治地位，而且作为理性的服从者和同盟者的激情部分有助于理性抑制欲望的无限膨胀。然而这意味着只有以智慧统治其他两部分的人，即只有智慧者，才是真正正义的。因此，正义者最终被证明是哲学家。由此，苏格拉底为理性主义传统的政治哲学打下基础。

柏拉图对政治有很高的热情，但因其师苏格拉底之死，对现存政体颇为失望。他继承苏格拉底的学说将个人的灵魂划分为三个部分：理性、激情和欲望，有德性的人应该以理性统治激情、用激情抑制欲望，以此类比国家的三个阶层：拥有理性智慧的统治者、发挥激情勇敢保卫国家的武士、节制欲望辛勤劳作的生产者。柏拉图的早期论著将私有制看作一切灾难的根源，主张平均主义的生活方式，无需家庭，实行优生优育，在体力和智力上严格教育儿童。柏拉图主张哲学和政治联姻，以哲学家为王，指出"除非真正的哲学家获得政治权利，或者城邦中拥有权力的人，由于某种奇迹，变成了真正的哲学家，否则，人类中的罪恶永远不会停止"①。

柏拉图发展了苏格拉底"什么是"的定义哲学，建构了自己的理念论的哲学。他将世界分为理念世界（可知世界）和现象世界（可感世界），其中理念世界是永恒不变的普遍的存在，是现象世界的根据和来源；现象世界是暂时的，处于不断变化之中的，受意见的支配，是相对和偶然的。现象世界通过"分有"和"摹仿"理念世界而产生。柏拉图还通过"日喻""线喻""洞喻"的比喻论证理念论学说，意在表明要透过现实世界的表象，追求背后的真理。理念论在政治哲学中的解读为世界存在一个永恒的理性秩序，人们通过理性的训练可以认识到这种秩序，并治理好城邦。他认为，现存的政治体制充满了意见，所以有将诗人赶出理想国的主张。与苏格拉底相比，柏拉图的"理念论"没有给个人的特殊意见保留应有的位置。柏拉图明确指出了理性在政治世界中的基础作用，无疑是古希腊理性主义政治哲学的开端。柏拉图想为城邦做的，正是卢梭想为个人做的。②

苏格拉底、柏拉图和亚里士多德都认为人类社会的最完美形式是城邦。"城邦"是一种合作关系，是联合体或共同体，亦即共同分享或持有某些东西的一群人。③ 亚里士多德的城邦并不是国家的一种形式，在他看来，城邦是关心人的广泛利益的，与权威不相关。这种共同体是基于平等、自由人之上，而非君王统治之下人的联合，城邦之内的成员虽然各有不同，但是可以通过习俗、教育、法律等

---

① 苗力田：《古希腊哲学》，中国人民大学出版社 1989 年版，第 236 页。

② ［美］马斯特：《卢梭的政治哲学》，胡兴建、黄涛等译，华东师范大学出版社 2013 年版，第 37 页

③ ［美］列奥·施特劳斯、约瑟夫·克罗波西：《政治哲学史》（上、下），李天然等译，河北人民出版社 1993 年版，第 145 页。

方式共同遵守约定的法律实现城邦的统一。城邦是为了防止不正义和促进经济的交换，"虽然城邦为了生活而产生，但它为了更好的生活而存在"。亚里士多德认为："人类在本性上，也正是一个政治动物。"①亚里士多德这个著名论断的含义首先在于，人是社会性的群居动物，而并非如卢梭后来所说的互不联系的独立的自然状态的个体。其次，人是政治的动物是因为在动物中只有人有语言和理性，能够区分善恶，表达自己的意见，具有道德。

亚里士多德政治哲学中的核心概念就是"实践"，与我们现在一般意义上的与理论相对的实践是不同的，它是实践最初的含义。亚里士多德在《论题篇》中以知识的目的为依据将知识分为三类：理论知识、实践知识和创制知识。其中，理论科学包括物理学、数学和形而上学，理论具有神学和知识论的双重含义，是不变的领域。实践知识是使人成为人的活动，是关于行为的知识，按照范围的大小可分为三类：个人行为的伦理学、家庭行为的家政学和国家行为的政治学。这些行为都是以善为目的，遵从道德原则。作为伦理和政治活动，实践的手段和目的是统一在活动本身之中的。亚里士多德将我们通常理解的实践贬低为创制活动，它是一种人作用于物的活动，其目的是体现在外物的，它的手段和目的是分离开的，活动的意义需要他物体现出来，所以创制活动是低级的。亚里士多德并未以理论科学的态度研究人们的政治生活，因为人的行为是变化着的，在亚里士多德看来，政治学追求的是最高的目的，因为它包容和规定所有其他实践科学的目的。政治学在他这里第一次成为独立的科学。

在亚里士多德的政治哲学中，城邦的利益是最大、最完善的利益，他的政治追求就是：如何实现个人和政治共同体的利益？城邦

---

①　[古希腊]亚里士多德：《政治学》，吴寿彭译，商务印书馆1997年版，第7页。

的管理和运行是需要公民参与的，如果公民的私利和城邦的公共利益发生矛盾时，一定要发挥公共精神，以共同的利益为最高宗旨。公民的实践活动必须是其目的在于自身的德性活动，不能注重个人的利益得失。亚里士多德的城邦政治是一种共和政治，它的公民享有一同治理城邦的权利，它以德性为基础，依靠个人德性的修养和对公共幸福的向往实现统治，城邦是一个伦理的统一体。亚里士多德的共和思想，也是卢梭政治哲学的一个重要来源。

在《政治学》中，亚里士多德论证了政体的本性。"政体就是有关公职的城邦制度。因为在城邦中拥有权威者，在任何地方都是统治集团，而统治集团就是政体。"① 亚里士多德的政体思想堪称经典，君主制、贵族制、共和制、民主制、寡头制、僭主制，只有最合乎城邦国情的政体才是最好的政体。这对后来的卢梭的政体思想有很大的启发意义。通俗来讲，政制就是统治权的归属或公共利益的分配问题，统治权通常掌握在以阶层为划分的团体手中。因此，为了争夺城邦统治权，就会有阶层之间的纷争，不利于城邦的统一，这就是对公共利益的最大破坏。亚里士多德认为最佳政制体制就是追求一种高贵的城邦生活，需要以德性为基础的公共幸福，在个人层面就是要培养公民的理智德性和伦理德性。最重要的美德是公正，公正就等同于守法，因此只有"善"的理性与法的强制性相结合，才能培育好公民，创造和维护共同体的幸福。卢梭有着古典政治哲学的情怀，亚里士多德在《尼各马可伦理学》中说立法技艺是已知的政治生活诸技艺中最具"构建性的"政治技艺了。② 卢梭也表达了这一思想，在《社会契约论》中表述："如果说一个伟大的国君

---

① 李珍刚、叶良海：《亚里士多德公共治理思想及其启示》，《学习论坛》2015 年第 9 期。

② ［美］施特劳斯：《什么是政治哲学》，李世祥等译，华夏出版社 2014年版，第 71 页。

真是一个罕见的人物，那么一个伟大的立法者该怎样呢？前者只不过是遵循后者所规划的模型而已。"①

无论是苏格拉底、柏拉图还是亚里士多德都是追求"至善"的理性政治，这也是西方理性主义政治哲学的起点。"自然先于约定"，苏格拉底之前的古希腊诡辩哲学家就区分了自然与规范或习俗，他们认为自然是那些有内在的生成原理的物体，而不需要外在力量或人力来干预的。古希腊的理性主义哲学提出了自然正义的概念，基督教为自然正义提供了形而上学的基础，中世纪经院哲学家托马斯·阿奎那将亚里士多德与基督教神学相融合，提出了影响深远的超验性自然法。列奥·施特劳斯在《自然权利与历史》中指出，西方政治哲学是以柏拉图为代表的希腊哲学自然正义论，经基督教的自然法学说，转向 17 世纪的自然权利论为线索发展的过程。② 因此，在近代，主流的政治哲学是以自然法和现代自然权利为理论和思考框架的。

二 格劳秀斯自然法传统的政治哲学

"自然法"在西方政治哲学中是一个重要的概念，起源于古希腊的自然正义理念，经斯多葛学派形成早期的自然法体系，它对《罗马法》这个最为精致的法律体系产生极大影响。中世纪自然法体系得到进一步发展，披上了浓重的神学外衣，经院哲学家阿奎那为调和哲学与宗教的矛盾，将亚里士多德的德性理论来支持基督教神学，认为上帝创造的世界，上帝赋予了自然界的功能与目的，自然生物以自己的秉性参与着上帝的永恒计划，从而给予自然法以最完美的

---

① ［法］卢梭：《卢梭全集》（第 4 卷），李平沤译，商务印书馆 2012 年版，第 57 页。

② ［美］列奥·施特劳斯：《自然权利与历史》，彭刚译，生活·读书·新知三联书店 2003 年版，第 252 页。

表达，阿奎那的自然法思想为近代古典自由主义的自然法学说和人权学说奠定了重要基础。

近代格劳秀斯将自然法理论推向一个高峰，在这里将详细介绍格劳秀斯的自然法学说。通常而言，近代以来，自然法发展到完备形态，它建立在其与理性结合的基础之上，因此自然法也被称为理性自然法。理性主义是近代自然法最为鲜明的特征，奠定了自然法规则的三大特征：自明性、普遍性和永恒性，同时，使得以自然法为条件归纳推导而得到的所有结论确定有效。对于理性主义者而言，理性赋予了科学和道德知识以确定性。

格劳秀斯目睹欧洲因 30 年战争而受到的破坏，他试图创建一种法律体系来规范各国之间的关系，作为指导战争的原则，确保和平的实现。通过不断努力，1625 年他的名著《战争与和平法》正式出版。格劳秀斯认为人的保持自身自然存在的原始欲求实际上是出于本能而不自觉地表现，人生来就是一个有理性的、具有社会属性的动物。借此去实现自我的充分天性，即作为一个伦理型存在物而成长和发展。理性的禀赋规定了人，使之最终区别于其他动物，超越于并比其他原始的自然欲求更自然。撇开自我利益和便利的考虑，正是理性洞察到公正是一种内在于自身并为了自身的美德，是一种善行。格劳秀斯从人类的本性出发，认为各个地区的人们的本性差别不大，人的本性作为自然法则可以约束不同地区的人们的行为和生活，自然法不会因时间和空间而失去效力，所以可以通过自然法演绎出关于战争的法则，格劳秀斯并不是要消灭战争，而是要在法律允许的范围内进行交战，这样才能实现和平。

格劳秀斯的论著《战争与和平法》之所以在政治哲学史上占据重要地位，是因为它是从法律而非哲学和神学角度阐释了政治学，是有关自然法的论著中的最优秀的代表。自然法具有永恒不变的特质，即使是上帝也不可使其改变。在《战争与和平法》中，格劳秀斯给自然法的定义为：自然法是正当理性的命令，具体为人通过直觉来感知上帝给予我们的道德命令。它告诉我们，任何符合自然理性的行为均具有道德上必要的性质；反之，任何违反自然理性的行为则具有道德上卑下的性质。因此，所有行为不是被上帝所命令实施的，就是被上帝所禁止实施的。格劳秀斯给自然法增加了尊重他人权利的内涵，并指出尊重他人的权利是与生俱来的责任，具体说来包括履行对别人许下的承诺、对他人的同情之心，以及违反道德的补偿。这是对阿奎那自然法思想的继承和发展，自此西方自然法的主要内容就是尊重他人的自然权利，自然法从形而上学的自然权利转向理性主义的有具体内容的法则，因而格劳秀斯也经常被称为自然法之父，虽然他并不是真正的自然法传统的创始人。

格劳秀斯经过考察指出，人们通常用两种方法证明某一事物符合自然法：一种是逻辑缜密的先验方法，另一种是常见的经验方法。先验的证明方法需要展示某一事物或行为与理性和社会本质的协调一致。格劳秀斯借用了亚里士多德的理论，认为为了寻找什么是自然的，我们必须在那些依据自然的标准处于良好状态的事物中寻找，而不应从腐化的事物中寻找，他把自己的论据建立于公众意志之上。第二种经验的证明方法需要列举各种可能，说明有关事物或行为符合所有国家都承认的自然法。

格劳秀斯关于自然以及最高权力在国家秩序中的地位的思想，也使他与古典传统有了一定联系，并把他从主权的现代思想中分离出来。正如格劳秀斯所描述的，国内法是产生于因同意而产生的责任。但由于源自同意的责任从自然法则中汲取力量，更为重要的是，自然法则决定了人生活在文明社会里，并在公正原则指导之下，因而可以认为自然法本身是国内法的"曾祖母"。他还指出，那些提出论据说明使用于个人的公正的标准不适用于一个国家和统治者的观点是错误的。最高权力的形式改变导致国家秩序或政治体制改变，这是亚里士多德的观点，格劳秀斯总体上继承了这一观点。例如，从贵族制到民主制，从民主制到君主制；最高权力问题属于政治性问题，法律政府与最高权力的关系是法律性问题，格劳秀斯对此二者进行了区分。

近代契约论政治哲学家把理论基础建立在自然法学说之上，论证其观点：个人自由和权利是目的也是基础，政治社会在此之上构建。近代早期哲学家霍布斯、洛克认为，人类理性先天具有自然法，他们淡化了基督教形而上学基础，重新建构自然法自然权利，并且以此为基础开创性地建立了古典自由主义学说，该学说奠定现代西方政体与法律的重要基础，然而，其自然法学说仍保留自然法的超验性。近代西方政治哲学中自然权利本质上与人类社会之中的正义权利相同，其在人类社会中，通过自然法订立的契约得到捍卫，而社会正义体现的正是资产阶级思想。

三　霍布斯、洛克契约论传统的政治哲学

在自然法和后经院哲学基础之上，两位英国启蒙哲学家——霍布斯和洛克共同创立古典自由主义思想，他们也是与卢梭在时间上最为接近、影响最为直接的政治哲学家。霍布斯和洛克都是从自然状态出发，推导出建立契约社会的必要，揭示了国家和社会的起源，卢梭深受霍布斯、洛克政治哲学的影响，同为近代契约论传统的代表人物。

霍布斯在《法律的要素》《论公民》以及《利维坦》这三本书中系统阐述了自己的政治哲学思想。霍布斯不同于经院哲学家阿奎那等人将自然法归于神的主张，褪去了自然法的神学外衣。二者最本质的区别在于，霍布斯将自然法定义为人的道德责任和义务，其来源于理性推导，是抽象的道德发展，而阿奎那将自然法定义为悟出来的道德秉性，经院哲学家所认为的自然法是非稳定的道德倾向。

霍布斯认为亚当夏娃在偷吃禁果之后就完全堕落了，此后人们渐渐弱化了心里的来自上帝的自然法，认为自然法已无法约束人们的欲望，所以自然状态是混乱的状态，是"人对人是狼"的极为残酷的战争状态。在自然状态中对死亡的恐惧是最强烈的情感，除此之外，猜疑心、虚荣心等情感也加强了人们的欲望，加剧了人与人之间的竞争。霍布斯认为人天生不是具有社会性的，其原因在自然状态理论中表现得很清晰，在政治出现前的条件下，人生活在没有政府统治的状态中，没有支配使他们处于担惊受怕的公共权力，自然使人处于相互分离的状态。在霍布斯这里，"自然"和"自然的"成为文明、理性和秩序的对立面。自然法乃是具有实质性内容的一套伦理体系的那种古老观念，已丧失了其全部功能，即充当实证法的道德基础。

　　霍布斯进而揭示政治社会形成的原因和目标，他认为由人们让渡权利所形成的国家必须是一个法人，这个法人由公民大众组成，公民中每个人与其他人缔约，大众把这个法人的意志当作自己的意志，而这个法人也就是国家。这个法人拥有最高的统治权力，体现并主宰所有人意志的权力。统治者的第一个权力是惩戒权或者说捍卫治安的权力，这是从所有公民同意放弃抵抗的基本权利后得来的。在霍布斯契约论的体系中，统治者具有最高的权力，他没有与任何臣民缔约，人们都让渡了自己的权利，而统治者保留了所有的权利，他同时具有立法权和司法权。国内法律是最高统治者的命令，也是其意识，所以其不必受法律的约束；所有的财产权来源于国内法律，因此最高统治者不会受到任何人的财产要求。霍布斯从自然权利出发，得到维护君主专制的保守结论，充分说明了其学说的内在矛盾。但是，霍布斯通过自然状态、自然法、自然权利、契约、主权等概念演绎出一套关于国家的系统的学说，认为国家是人造的人，从而奠定了近代法哲学的基本建构框架。洛克和卢梭继承了霍布斯的人在自然状态下平等自由的观点，各自发展为自己的政治哲学体系。

《政府论》是洛克的政治哲学思想主要体现，该书出版于1689年，该书分上下篇。在上篇中，洛克对保皇党人菲尔麦的一些理论展开了系统性的批判，包括所谓的君权神授、王位世袭和君主凌驾于法律之上等。下篇中洛克阐述其理想中的法治国家及其实现途径。他认为自然状态"是一种完备无缺的自由状态，他们在自然法的范围内，按照他们认为合适的办法，决定他们的行动和处理他们的财产和人身，而无须得到任何人的许可或听命于任何人的意志"①。洛克认为，自然法则约束和控制着自然状态下的人，从而维持一定的社会秩序。自然法则的立法者是上帝，它是人通过理性而感悟出来的。"而理性，也就是自然法教导有意遵从理性的全人类：人们既是平等和独立的，任何人就不得侵害他人的生命、健康、自由或财产。"② 人求生自保的本能是最基本的自然法则，这是最低级的欲望；对于他人天生的同情心和爱。此二者是洛克的自然法则的两个基本原则，其与霍布斯的自然权利相似。洛克推导得出自然状态下人拥有三种自然权利：生命权、自由权和财产权。三种权利的最终制定者都是上帝。人的生命是神圣的，人人平等原则推导出自然权利，而财产权利也是上帝赋予每个人的。将财产权纳入自然权利之内是洛克政治哲学的独特之处。洛克认为上帝既然创造了生命，也就必定让每个生命拥有赖以生存的私有财产。洛克认为当自然状态下的人面对各种纠纷时，每个人都有权利惩罚自然法的违背者，受害人必须有要求犯罪者赔偿的权利。人类在自然状态下虽然可以维持一定的秩序，但是因为自然状态下人人都有执行自然法的权利，

---

① ［英］洛克：《政府论》（上篇），瞿菊农、叶启芳译，商务印书馆1982年版，第3页。

② ［英］洛克：《政府论》（上篇），瞿菊农、叶启芳译，商务印书馆1982年版，第4页。

由于没有第三者对其权力实施的监督，就会存在很多不便，甚至有失公允。洛克就提出了社会可以成为仲裁人的主张，用明确的法规来公正公平地对待一切当事人。

"任何共同体既然只能根据它的各个个人同意而行动，而它作为一个整体又必须行动一致，这就有必要使整体的行动以较大的力量的意向为转移，这个极大的力量就是大多数人的同意。"① 人们因同意而订立契约，将一部分的权利转让给社会，建立政府，但同时也保留部分的权利，任何个人和政府不得干预。洛克的社会契约论不同于霍布斯，他并没有将君主排除在外，是所有人的契约。契约社会的目的在于更好地保护自己，保护他们的自由和财产。洛克的社会契约为资产阶级取得统治地位，以及建立君主立宪制的国家准备了理论依据。但是，在洛克这里，君主和政府必须按照法律进行管理和统治，法律先于政府而存在，无论是政府还是个人都必须遵守法律，洛克致力于建立一个法治的社会。洛克的政治哲学扩大了自然权利的范围，包括了财产权，这也反映了新兴资产阶级的利益诉求，纠正了霍布斯的君主专制制度。洛克的契约论及其法治思想影响了后来的孟德斯鸠和卢梭，为西方法学理论的发展做出重大贡献，对《独立宣言》的起草具有重要借鉴作用。

卢梭生活在等级分化严重的社会之中，作为社会的底层历经生活的各种磨难，激发起强烈的反对现状的决心。卢梭自学成才，曾与启蒙思想家伏尔泰、狄德罗是好友，他的思想也深受霍布斯、洛克的影响，但是他将自然法从形而上学中分离出来，不承认自然法的超验性，而强调人的自由和道德自律。卢梭不重视自然权利，而强调人的社会性，探索人如何在交往中重新塑造自然本性，基于此，卢梭形成了一套新的政治哲学体系。

---

① ［英］洛克：《政府论》（下篇），瞿菊农、叶启芳译，商务印书馆 1982年版，第 61 页。

第二节 卢梭政治哲学的思想体系

卢梭的政治哲学结束了西方自然法传统，达到了契约论的顶峰，开启了西方政治哲学新的论域和议题。卢梭在其著作中构建了自己的政治哲学体系，诠释了其政治权利原理，并论证了政治生活的可能性。卢梭的政治学说产生了巨大的影响，曾被德国浪漫主义者当作解放者歌颂，也被雅各宾派作为理论基础建立恐怖统治，《论人类不平等的起源》蕴含着极端的个人主义意味，《社会契约论》中又具有浓重的集体主义色彩。正是这样一位具有鲜明特色的真实人物绘就了一幅生动的政治哲学画卷，要想读懂他的思想，需要从以下几个关键词出发。

一 人类的原始状态——自然状态

自然状态是与社会状态、文明状态相对的概念，卢梭的自然状态的概念是在文化意义上，即艺术和科学还没开始的最初状态。卢梭在《论人类不平等的起源和基础》（《第二论》）中以哲学家或科学家的身份进行论述，主要考察的是"自然状态"，他用了很大的篇幅描述了自然状态中的人，并与社会状态中的人对比来谈，从而展开对市民社会及其基本制度的激烈批判。卢梭的自然状态说，似乎既是他的极端的个人主义之源，同时也是他的极端集体主义之基。①

（一）自然人与社会人

卢梭从人的起源开始着手谈论自然人，他拒绝了神造人的说法，也不接受亚里士多德的人是社会的动物的主张，而是更加倾向进化论的解释。根据卢梭对自然状态的论述，人是从低级的动物发展而

① ［美］普拉特纳：《卢梭的自然状态——〈论不平等的起源〉释义》，尚新建、余灵灵译，华夏出版社 2008 年版，第 15 页。

来，自然人与动物的区别不大，自然状态的人是没有语言的，语言是人到社会状态时才出现的。因此遭到批评者断言，卢梭的自然人与野兽等同。

卢梭认为自然状态的人与动物并没有多少差别，是服从自然、顺应自然的。他们触觉、味觉极端迟钝，视觉、听觉和嗅觉极为敏锐，喜欢睡眠，容易惊醒，没有衣服和住处，只有对饥饿和疼痛的恐惧，对事物、异性和休息的需要，不会思考，只有自然冲动而产生的情感，没有好奇心，也没有将来的观念，具有简朴、单纯孤独的生活方式。在自然状态中的人过着大自然给安排的简朴而有规律的生活，他们没有疾病的困扰；而一旦变成社会人，就会追求舒适的享受而导致人的退化，体力明显减弱，缺乏勇气、精神萎靡。卢梭笔下的自然人有时被称为野蛮人，但是这种称谓绝无贬义，反而与之相对的"文明人"极具讽刺的意味。卢梭与其他大多数学者不同，他要撇开宗教教义的规定以科学研究的态度加之自身想象来探索人的自然状态。

卢梭在《二论》中讨论了人与野兽的异同，其中人具有自我完善的能力，这个品质是人和动物的根本差别，它帮助人脱离了原始状态，但是这种能力在使人获得知识的同时，也增长过多的欲望。在社会状态中，人们逐渐滋生了嫉妒心、虚荣心，有了服从或反抗自然的自由，出现恃强凌弱的情形。人的理性、语言、德行等文明属性，也是借助环境等偶然机会才得以发展和完善。

（二）性本善的特征

卢梭认为人是具有自爱心和怜悯心的，自爱心就是自我保存的欲望，"怜悯心是一种自然的感情，它能缓和每一个人只知道顾自己的自爱心，从而有助于整个人类的相互保存"①。怜悯心制约着自然

---

① ［法］卢梭：《卢梭全集》（第 4 卷），李平沤译，商务印书馆 2012 年版，第 260 页。

人的行为，使他们不愿去做恶事，它是纯粹的自然情感，也是人类所具有的唯一的也是最普遍的自然美德。自然人与生俱来的怜悯心加上极少的欲望，是不会对其他人产生威胁的，人与人之间也没有利益的冲突，人类是热爱公正与秩序的。

卢梭认为自然状态是富足的状态，自然人的需要不会超出自己的生理需求，因此无须竞争，以此反驳霍布斯关于自然状态的学说。卢梭与霍布斯有关人性的看法完全相反，霍布斯认为人不具有任何善的观念，也不知道什么是美德，人的天性是恶的，人对人像狼对狼一样，原始人类一开始就有虚荣心和控制他人的欲望，因此在霍布斯看来，自然状态就是一种战争状态，是公共权力丧失的状态。卢梭在其著作中批判了霍布斯的观点，他把这些本性中趋恶的倾向归咎于社会，认为在自然的原始状态之中，人们仅仅被他们的自然需要所推动，只有在社会中人们的欲望丛生，才使法律成为必要的东西。[①] 所以，人天生是善的，是社会制度把我们"带坏"了。

（三）自然意味着平等、自由

自由是自然的基本禀赋，所有人都能为自己做主。在自然状态中，每个人无须依靠他人就能生存，没有形成人与人之间的亲密关系，彼此是独立的，所以没有任何事物或感情能够束缚个人的行为，每个人都过着自由自在的生活。"一个野蛮人是不会像文明人那样毫无怨言地戴上枷锁的；他们宁可要狂风暴雨中的自由，也不愿意要和平安宁中的奴役。"[②] 每个人生来都是自由和平等的，任何人生来都没有命令他人的天然权力，也没有义务听从别人的指挥。但是，

---

① ［法］卢梭：《卢梭全集》（第 4 卷），李平沤译，商务印书馆 2012 年版，第 256 页。

② ［法］卢梭：《卢梭全集》（第 4 卷），李平沤译，商务印书馆 2012 年版，第 291 页。

在自然秩序中的这种平等关系被社会生活打破了，"奴役的链条是由于人们的互相依赖和使他们联合在一起的互相需要形成的"①。这种高人一等的权力不是建立在自然的基础上的，卢梭在《社会契约论》中认为，这种权力只能来源于人们的普遍同意，其他的政治统治都是不正当、不合法的。

人类从自然状态过渡到社会状态经历了一个漫长的过程，卢梭认为人具有自由意志的能力和自我完善的潜能，正是这种能力让人们学会了利用自然条件使用工具、发展语言、建造房屋，形成了具有有限财产的简单家庭；在家长制阶段，人们发现了舞蹈、唱歌等娱乐形式，彼此表现出欣赏的态度，出现了公共的尊重价值。随着冶金业和农业的出现，人们越来越需要他人的帮助，进而导致分工，私有制建立，最终导致不平等，从而离人的自然状态越来越远。在卢梭看来，人类从一个阶段过渡到另一个阶段，这种过渡的原因只能从经济上寻找。

二 不平等的产生——私有财产

卢梭认为私有财产的出现是人类不平等的开始。他认识到私有制得以产生的条件与"铁与谷物"的应用有关，也和"一个人据有够两个人吃的粮食"有关。② 私有制的产生是奴役与剥削的根源，社会状态下的一切罪恶活动也以私有制为前提条件。按照卢梭的观点，公民社会随着私有财产的产生而出现，因为财产弱化了个体，它的出现让个人开始依赖于其他人的帮助，这时候就出现了不平等。

---

① ［法］卢梭：《卢梭全集》（第 4 卷），李平沤译，商务印书馆 2012 年版，第 267 页。
② ［法］卢梭：《卢梭全集》（第 4 卷），李平沤译，商务印书馆 2012 年版，第 4 页。

（一）两种不平等

卢梭区分了两种不平等："自然的或生理上的不平等"和"道德的或政治的不平等"。前者是基于自然而产生的，由人们在年龄、体力和心灵或灵魂的性质方面的差异构成。后者是建立在协议的基础之上人为的不平等，是经由人们的普遍同意而确立起来的。

在自然状态之下，只有因年龄、自然体力、健康状况、智力和获取生活资料灵巧性的差别，没有人更尊贵、富有和有权力，所有人的社会地位都是平等的。在自然状态下人类的生活千篇一律，所以他们在智力和体力方面等先天的自然差别，不会对自身或他人产生过多影响，应当归结到最低限度。

当出现了私有财产之后，自然的差异就被扩大了，从而导致了不平等的出现。自然法则被法律所取代，私有财产的多少也决定了政治上的地位，出现了各种形式的政府。在这样的社会状态下，出现的是道德或政治上的不平等。这种社会的不平等通常是以损害他人利益才处于特权位置的，比如更富有、更有权势甚至奴役他人，以往自然状态中察觉不到的差别被扩大化了。自然的不平等远远小于人为的不平等，而人为的不平等会增加自然的差别，在自然的不平等和人为的不平等之间无法建立必然的联系。不平等的状态完全打破了自然状态就会出现"一个小孩子指挥一个老年人，一个傻子领导一个智者，一小撮人脑满肥肠，吃用不尽，而大多数人却因缺乏食品而面带菜色"① 的局面。

（二）私有财产的产生

根据卢梭的学说，私有制正是人类不平等的基础，卢梭在《论不平等》中写道："其他各种不平等最后都归纳到财富的不平等之

———————

① ［法］卢梭：《卢梭全集》（第 4 卷），李平沤译，商务印书馆 2012 年版，第 306 页。

中，因为财富是与人的幸福直接攸关的，是最容易使人感受到的，是可以用来购买一切的。"①

那么，私有财产是如何产生的呢？卢梭认为随着人类人数不断增加，所面对的困难也不断增多，自然的困难迫使人们改变自己的生活方式，发明新的技术，开始获得新的知识。其中冶金和农耕是产生私有财产的最重要的两项技术发明——农耕导致了土地的分配，人们不仅占据土地上的产品，对土地连续的使用就占有了土地本身，土地成为个人的私有财产。人们开始从事以生产为主的经济活动，他们头脑越来越开化，技术也愈加完善，开始懂得建造房屋，组成家庭，逐渐拥有某种财产，私有财产的观念便开始形成。私有财产的观念一旦形成，就意味着自然状态达到了它的极限。对于个人的评价标准从力气的大小转变为财产的多寡，无土地的穷人还不得不替占据土地多的富人劳作，帮助其产生收益，逐渐成为奴隶阶层。谁第一个把一块地圈起来，硬说"这块土地是我的"并找到一些头脑十分简单的人相信他所说的话，这个人就是文明社会的真正的缔造者。②

私有财产是卢梭所批判的，他认为私有财产使人类的不平等得以产生并且日益加深，它与自由之间是发生着矛盾的，财产是奴役的根源和苦难的来源，财产使人相互钳制，彼此依赖，弱化了个体，造就出主人和奴隶。而公民社会则将这些关系在其法律中合法化，社会秩序是一种人为的手段或社会的惯例，一切的罪恶都是自私有制的产生后开始的。

（三）私有财产的后果

在私有财产未出现之前，自然的不平等是由力量的差异造成的；

① ［法］卢梭：《卢梭全集》（第4卷），李平沤译，商务印书馆2012年版，第300页。
② ［法］卢梭：《卢梭全集》（第4卷），李平沤译，商务印书馆2012年版，第269页。

而私有财产出现之后，财产的差异败坏了人们，迫使个体为了生存不得不同他人产生利益关系，这是与人的自然初衷相背离的。

私有财产的多寡必然造成富人和穷人的分化，而在那些拥有财产之人的操纵下，建立了政治权威。由于富人和穷人的处境不同，人们害怕贫困而不怕被人奴役。从此便开始了统治与奴役、暴力和掠夺。① 按照卢梭的观点，穷富两个集团的划分是不平等的第一阶段，也是不平等的基础。经济地位决定了人们的社会地位，富人获得了官职，成为强者，穷人自然变成弱者，这是不平等的第二阶段。社会的不平等在第三阶段上升为政治的不平等，形成了专制的政权，人与人的差别固化和持久化，从而不平等达到了极点。在不平等的社会和国家中，会出现可怕的混乱局面：人们在自然状态下的怜悯心被扼杀，在私欲的驱使下追逐各自的利益，互相竞争以牺牲他人的幸福满足自己。富人疯狂占据财产，连穷人仅有的自由也要剥夺，成为最可恶的野心家和吝啬鬼。法律由富人所制定，社会制度也由他们发明，这些让富人获得了权力，所有的不平等和不公正变为合法化，穷人被戴上了新的枷锁。

在卢梭看来，财产权导致了非自然的不平等，而从非自然的不平等中又生出罪恶，这种观念对马克思的思想产生了巨大影响；当代有关人的"异化"的观念，在很大程度上都是源于卢梭提出的、并在马克思的早期著作中得到强调的财产权批判。② 尽管卢梭对私有财产进行了无情的批判，但是卢梭从没提出过废除私有制的主张；相反，由于人类历史不可能倒退，为了让社会制度不遭受过于严重的打击，我们应该保护私有财产，不能由人任意侵犯，维护私有制

---

① ［法］卢梭：《卢梭全集》（第 4 卷），李平沤译，商务印书馆 2012 年版，第 283 页。

② ［美］马斯特：《卢梭的政治哲学》，胡兴建、黄涛等译，华东师范大学出版社 2013 年版，第 245 页。

在社会公约中的基础性地位。私有制的产生让人类丧失了天然的自由和平等，但是仍然可以争取一个约定的自由平等的社会和国家。这是一个补偿，也是一个理想。[①] 卢梭提出了自己的政治权利原理。

三　政治共同体的成立——社会契约

卢梭不是像伏尔泰所批判的那样号召人类回到原始状态的森林里四条腿走路，而是要揭露社会中存在的恶行，把建立一个新的自由平等的社会作为自己的主要目的。他所赞赏的自然状态是往而不返的，社会状态的种种弊端也是需要被克服的，人和人之间的联系愈发紧密，人类社会的结合更加需要公共的规则或公约来维持社会的秩序，卢梭将其诉诸通过社会契约而成立的政治共同体，卢梭将社会契约描述为人类心智所能想出的最深思熟虑的方案。

（一）对专制制度的批判

霍布斯和格劳秀斯也都是契约论的代表，他们认为国家是人民和君主订立契约的产物，主张把自我保存作为社会契约的根本出发点，他们的社会契约实际上是维护了君主的专制统治。卢梭认为以霍布斯和格劳秀斯为代表的无限政治权力学说者所认为的，强迫人民服从统治者的契约论观是没有依据的。为驳斥这种观点，卢梭采用了类似洛克的论证方式：人们为了免遭压迫和保护自身，所以臣服于统治者。卢梭认为专制制度是有伤天性的，在自然状态下的人都是自由而无拘无束的，他们宁可要狂风暴雨中的自由，也不想像社会状态中的人那样忍受和平安宁的压迫。

在卢梭看来，社会制度是由可以从所创制的制度中受益的人制定的。最初的国家都是由富人倡议而建立的，目的是维护自己的既得利益，掠夺穷人为数不多的财产并且让穷人服从其奴役。从最初

---

① 　李玮：《卢梭》，辽海出版社 1998 年版，第 133 页。

的奴隶制、君主专制到君主立宪都是本质一样的专制制度。这种专制制度是卢梭所批判的——"以往的契约",他认为那是富人对穷人欺骗的结果,是在巩固社会不平等,专制制度下的法律把巧取豪夺的行径变成一种不可改变的权力,为了少数野心家的利益,迫使所有的人终日劳苦,陷于奴役和贫困的境地。[1] 卢梭指出"人民之需要首领是为了保护他们的自由,而不是为了让首领来奴役他们;这是全部政治法中最基本的准则"[2]。而专制制度让人民丧失了自由,违背了政治法中最基本的原则。

(二) 自由的实现

卢梭在《社会契约论》中开宗明义地指出自由是生来就具有的权利,而现实专制制度下的社会中人们被枷锁束缚,他的政治哲学的理想就是实现自由。

卢梭区分了天然自由和社会自由。他认为天然自由即自然状态下的人们可以依据自己的判断来决定做什么事的自由,而不必屈从于他人的命令和控制,自己是自己的主人。社会自由是通过遵守法律,人们的人身和财富将得到共同力量的保护,这给予他们前所未有的权力和资源,他们可以做更多想做的事情。天然自由虽然美好,但是很可能面临着他人的伤害。在社会状态下我们追求的就是社会自由,通过契约是可以实现的。在契约社会中,每个人让渡了自然权利给整个社会,失去的是天然的自由和他想获得所有东西的权利,作为回报他拥有了通过协议而规定的新的权利,得到的是社会的自由和他已经享有的东西的所有权。

卢梭强调,除此之外,最重要的是我们还获得了道德的自由,

---

① [法]卢梭:《卢梭全集》(第 4 卷),李平沤译,商务印书馆 2012 年版,第 286 页。

② [法]卢梭:《卢梭全集》(第 4 卷),李平沤译,商务印书馆 2012 年版,第 290 页。

只有在契约社会中人们通过服从自己制定的法律，才能实现真正的公正和自由，而道德的自由是各种自由中最难得的，也只有它才能使人类真正成为自己的主人。

（三）契约要解决的问题

以往的契约都是人民和君主订立契约，实际上是维护君主的专制统治，而卢梭想建立的是人民可以做国家的主人，不必受他人奴役和压迫的社会制度。卢梭提倡的社会契约要解决的问题是："创建一种能以全部共同的力量来维护和保障每个结合者的人身和财产的结合形式，使每一个在这种结合形式下与全体相联合的人所服从的不过是他本人，而且同以往一样自由。"①

卢梭理想的契约国家是一个有道德的共同体，这样一个由全体个人联合起来形成的公共的人格，以前称为"城邦"，现在称为"共和国"或"政治体"。② 每个成员都是公民。在这个由每个人让渡出来的共同体中，每个个体的地位都是平等的，没有任何人有权力可以利用成员刚刚放弃的权利命令你，也没有动机去压迫其他成员。在脱离自然状态时我们丧失了一些优势，但是我们获得了更大的回报。这样并没有摧毁自然的不平等，反而是以道德的和法律的平等取代了自然所造成的人与人之间身体上的不平等，人们体力或智力上可能存在不平等，但是依据约定和权利，他们却是彼此平等的。卢梭将社会契约描述为人类心智所能想出的最深思熟虑的方案。③

卢梭的社会契约论继承并改造了自然法理论中的诸多要素，将

---

① ［法］卢梭：《卢梭全集》（第4卷），李平沤译，商务印书馆2012年版，第31页。

② ［法］卢梭：《卢梭全集》（第4卷），李平沤译，商务印书馆2012年版，第32页。

③ ［美］马斯特：《卢梭的政治哲学》，胡兴建、黄涛等译，华东师范大学出版社2013年版，第248页。

自然法中的人的理性的被动转为主动，逐步确立了人的意志为自我立法的理念。通过社会契约卢梭为现代政治秩序奠定了重要的基础，同时如何合理和充分地对作为契约的规范性基础的建构和说明，是卢梭留给当代政治哲学要处理的理论难题。①

四　立法的来源——公意

无论是契约的签订还是自由的实现都需要体现公民普遍利益的法律作为保障，因此，法律的制定至关重要。卢梭说道："事物的力量总是倾向于摧毁平等，所以才需要立法的力量倾向于维持平等。"②而立法的首要任务是要使法律符合公意，公意是法律的源泉和补充。主权者在制定和颁布法律的内容体现的就是公意，即公共的幸福。

（一）公意的本质和特征

公意就是公共的意志或普遍的意志，卢梭的"公意"这个关键词分散于《论政治经济学》和《社会契约论》全书，仅在《社会契约论》中出现了70多次。公意的本质是所有的公民——作为以社会契约为基础的政治社会的成员都具有的意志。公意总是以共同的幸福为依归，卢梭把公意看作公共经济学的第一原则和政府的基本法则，它还具有三个主要特征。

第一是公正性。"公意始终是公正的，永远以公共的福祉为宗旨。"③公意何以保证其永远公正呢？因为它是全体的普遍意志，来源于每一个共同体的成员，着眼于所有人的共同利益，出于每个成员对自己意愿的表达，所以一定会对全体人民都适用，公意具有天

① 陈肖生：《现代政治秩序的自我奠基的规范性基础——论卢梭契约理论对自然法的改造及其政治哲学难题》，《南京大学学报》2023年第3期。
② ［法］卢梭：《卢梭全集》（第4卷），李平沤译，商务印书馆2012年版，第71页。
③ ［法］卢梭：《卢梭全集》（第4卷），李平沤译，商务印书馆2012年版，第44页。

然的公正性。第二是稳定性。卢梭认为公意始终是牢固的、不可败坏的、纯洁的。①，公意不会受到个别意志的干扰，它关系着所有人的福利，所以公意必然是稳定不变的。第三是超越性。公意作为全体成员的普遍意志，是一种具有超越实体的精神存在。它的产生是一个从私意到众意，再从众意到公意的过程，在这一过程中产生了新的道德共同体。

（二）公意与众意的区别

每个共同体成员都有自己的个别意志，这些个别意志总是带有私人的性质，即使个别意志和公共意志存在一致的地方，由于出发点不同，这种一致性仅仅是暂时的。众意就是这些个别意志的总和，其性质仍然是偏私的，考虑的是个别的利益。卢梭不仅一次地指出公意与众意的区别。卢梭表示公意并不是每个成员的意志，它不可能要求所有人都对一项决定满意通过，只能是全体成员中趋于一致性的普遍的东西。"众意和公意之间往往是有很大的差别的；公意只考虑共同的利益，而众意则考虑的是个人的利益。"② 众意是所有人的意志之和，而公意是在所有私意中提取出来公共的意志，存在于所有人的意志之中，而从众意上升到公意的过程就是实行民主的过程。

从逻辑的观点看，"公意"是一个普遍的概念，而不是一个集合概念；公意不等于个别意志的总和。"普遍"是与"个别"相矛盾的，而"集合"包含相互矛盾的个人利益。③ 卢梭在论述公意和众意区别之时，提到众多的个别利益除掉个别意志正负抵消的部分，

① ［法］卢梭：《卢梭全集》（第 4 卷），李平沤译，商务印书馆 2012 年版，第 129 页。

② ［法］卢梭：《卢梭全集》（第 4 卷），李平沤译，商务印书馆 2012 年版，第 45 页。

③ 赵敦华：《卢梭人性论的四个维度》，《北京大学学报》（哲学社会科学版）2023 年第 4 期。

剩下的总和仍然是公意，其含义在理解上有些模糊。康德在《永久和平论》中与卢梭的思路相似，他说每个人的力量加在一起就会彼此中和或者消除其中的破坏作用，也有些让人难以理解。由此看来，卢梭对康德的影响不仅是思想层面的，甚至思考方式也如出一辙。

（三）公意的行为

卢梭的公意学说认为公意是立法的来源，法律则是公意的行为。[①] 公意以自由和平等为旨归，它的行为体现在法律中，因为只有以法律确定下来公共的意志才是作数的。卢梭认为法律不能是外部对国家的，也不能是一部分人对另一部分人的，只能是全体人民对全体人民做出的规定，这个全体是不能有分裂的，法律所规定的才能符合公意的行为。这样制定的法律没有人会拥有特权，也不可能会不公正，因为没有人会对自己不公正，法律不仅结合了普遍的意志，也体现了对象的普遍性。

人民不仅制定和批准法律，还要根据法律定期举行集会来维持主权的权威。好的法律是国家良好运行的保障，国家体制越完善，对于公民来说，公共的事务就越比私人的事情重要，公共的幸福就越是大多数人的幸福。因此，在卢梭看来，国家的法律对于公意的实现至关重要，它是人民主权的体现，法律的本质就是公意，是"最普遍的正义"。

五 平等的实现——人民主权

根据卢梭的观点，人们通过自由协议订立社会契约，根据社会契约确定国家主权。然后随之而来的是谁来统治的大问题，这是卢梭和他的前辈们都必须面对的政治哲学的大问题。卢梭认为国家的权力属于人民，主权是神圣不可侵犯的，这是社会契约论的精华。

---

① ［法］卢梭：《卢梭全集》（第 4 卷），李平沤译，商务印书馆 2012 年版，第 56 页。

（一）主权不可转让、代表和分割

按照社会契约论原理，共同体的每个成员都已经和自己签订了契约，是国家主权者的一个成员。主权者不是个人或团体，而是一个公共的人格和集体的生命，其身份是神圣的，个人是没有权利转让自己的主权的，按照原始契约的规定，主权也不可以被转让。

近代契约论的开创者霍布斯在他的契约签订的过程中将君主除外，其他所有人将自身的权利转让给了君主，君主拥有最高权力并且不受协议的约束，建立的是绝对专制的国家政权。卢梭批判了霍布斯将主权转让给个人的做法，认为将主权转让就是在出卖自由和生命，这是违反自由和理性的行为，一旦转让便是无法逆转的，个人就失去了存在的意义。

主权也同样不能代表，因为意志不能被代表，主权是由公共的意志所构成。人民的议员不能代表人民，只不过是替人民办事，是没有决定权的。卢梭说代表这个名词不是自古就有的，是在封建制度中出现的，一旦被代表就意味着被统治和奴役，就丧失了做人的尊严。在卢梭看来，主权代表了作为一个整体的公共的意志，具有最高的权力，是不可以被分割的。这样会把主权弄成一个由许多碎块拼凑而成的怪物，如同把几个人的肢体拼凑成一个人似的：把其中一个人的眼睛，另一个人的胳臂和另一个人的脚拼凑在一起。[1] 主权派生出行政权和司法权，它们绝不能和主权并列，也不是构成的部分，享有最高的权威。

（二）主权权力的界限

卢梭认为主权虽然至高无上，但不是没有界限的。国家或共同体是由活生生的个人结合而成的，它的绝对权力是通过社会公约赋

---

① ［法］卢梭：《卢梭全集》（第 4 卷），李平沤译，商务印书馆 2012 年版，第 43 页。

予的，而每一个成员作为自然人也是享有着自然权利的，这就要与臣民的义务区分开来。

公民是要按照主权者的要求做事，但是主权者不能任意提出要求，只能要求符合公共利益的，做对集体有益的事情。在一般情况下，公民所做的事情既是为集体效劳，同时也满足自己需求，因为公意要求如此。在不涉及公共事务而是个别事件的时候，主权权力不能超出协议规定的界限，每个共同体成员也是在约定的范围内任意处置自己的自由和财富。主权者对每一个成员的要求是同等的，没有更多或更少的区别。

在卢梭的契约社会中，主权的权力和私人的权利是不发生冲突的，人们在这场交易中是获利的，拥有了更稳定和美好的生活方式，为国家可以献出生命的同时也无时无刻不在受着国家的保护，所以在契约共同体中比自然状态下更安全和自由，人身和财产受到国家的保障。

（三）政府是主权者的执行人

卢梭认为政府是因主权者而存在，是公共力量的委托者，必须按照公意的指示行动。他将主权者和政府做了区分，并对政府进行了类比，他将其理解为在比例等式 A∶B＝B∶C 中的比例中项 B，也就是主权者和臣民的中间体，主权者对政府的比率等于政府对臣民的比率。卢梭对于这一比例的阐释是政治性的，而不是数学性的。①主权者命令而不服从，作为臣民的人民应当服从而不能命令。政府这个比例中项既是命令者又是服从者，命令作为臣民的人民，服从作为主权者的人民。政府作为执行公意的机关，它的功能是保证法律的实施和维护公民的自由。国王是政府的一个成员，是由人民所选拔和任用的，行政官员是人民的办事员，是主权者的公仆。

---

① ［美］吉尔丁：《设计论证——卢梭的〈社会契约论〉》，尚新建、王凌云译，华夏出版社 2006 年版，第 395 页。

政府是行政权力的合法运用，它的一切行为都是主权者所允许的。但是行政官首先是一个私人，也有自己的意志，政府也会有行政官的团体的意志，卢梭认为政府的行政官的数目越多，政府的力量就会越弱，处理事务的效率就会越低，政府的意志和力量是成反比的。但是，行政官多的好处是团体的意志可以接近公共的意志。所以，构成政府的行政官员人数的多少各有得失，没有绝对的好坏，按照政府人数的多少，可以分为民主制、贵族制和君主制。但是没有一种政府适合所有的国家，卢梭从他的理论推出的规律：按照公民人数的多少，小国实行民主制，中等国家适合贵族制，大国适合君主制。

卢梭夹在古典和现代之间，试图解决这样的对立和矛盾。最终，他的政治哲学综合了古典与现代的政治观念，实现了一种极具原创性的综合，在他的政治哲学中有对自然的崇拜，也有现代观念中对自然的征服及对人类社会政治权利原理的重新论证。卢梭结合人类的起源和演化历程对自然法进行了革命性的解读，并从人的可完善性这一独有的特性出发，论述了公民社会如何形成及其更好的存在。尽管卢梭的论述还有很多问题没有得到充分的讨论，存在一些困境，他所描述的政治生活与我们熟知的真实社会有着很大的差距，但是这依然是一个能激发道德意识和对不同生活向往的理想，这使他的观点具有持久的力量。①

第三节　卢梭在西方政治哲学史中的重要地位

卢梭继承了霍布斯、洛克的契约论传统并加以改造，他以自然状态作为理论前提，但是消解了近代以来的自然法，对社会契约论

---

① ［英］尼古拉斯·登特：《卢梭》，戴木茅译，华夏出版社 2019 年版，第 164 页。

进行补充和完善，提出了以"公意"为契约的基础，让渡出每一个人的权力成立共同体，以保护成员的自由，实现主权真正地属于人民，并在权利的基础上增加了义务的要素。卢梭对契约论进行了最为经典的论证，达到了古典契约论的顶峰，成为西方政治哲学重要的组成部分，为近当代政治哲学提供了新的视域和话题。

一 契约论思想的经典论证

契约论是政治哲学的重要理论，它是利用契约的概念对社会、政府和国家进行研究，社会契约论思想的演进过程可以看作缩小的西方政治哲学史。社会契约论理论的内容主要是分析政治的权利和义务的来源和关系，它的形成和发展的重要意义在于解释了权力和权利关系的发展和演变，从政治哲学角度阐释了人类从自然步入社会的经过，凸显了作为思想主体的人的自我发现和完成，为近代民主政治的发展做出重要贡献。其中，霍布斯开启了近代契约论并赋予了基本内涵，奠定了理论基础，洛克、卢梭、康德都在此基础上进一步补充和完善。

戴维·里奇在其《社会契约论历史的贡献者》中指出，就政治哲学的目的来说，社会契约论的历史已经在卢梭那里终结了，康德不过是以卢梭所确立的形式重复了该理论。近代意义上的社会契约论是具有完整理论形态的契约论。卢梭作为社会契约论的集大成者，继承了霍布斯、洛克的自然状态的理论前提，也启发了康德的契约论发展。

（一）消解自然法，对霍布斯、洛克思想的补充和完善

从订立契约的原因来看，霍布斯将其归咎于对自然状态的恐惧。由于人们有永无休止的欲望，在满足自己欲望的同时，必然会与他人发生竞争，形成战争状态，人们处于随时暴死的恐惧中。自然法的约束在趋利避害的人性面前是软弱无力的，它不能保障社会的稳

定和人们的生命安全。所以要人为地树立一个公共的权威，将大家的意志转化为一个意志，将所有的权力转让给一个人。这是霍布斯的契约论的原因。洛克也从假定自然状态开始，但是自然状态存在诸多不便，缺少一个辨别是非的标准和尺度，加之人们的偏见和对自然法的理解片面，因此不断出现纠纷。由于缺少一个公正的裁判，那么人人都可以是法官，没有一个公共的权力，做出的裁决就很难保证公平和正义。因此，在平等和理想原则的指导下，形成政府管理公民社会。

虽然卢梭的社会契约论与霍布斯和洛克的一样，都是从人性预设出发，但是他们对自然状态的假设是不同的。与霍布斯"人对人是狼"的自然状态不同，卢梭的自然状态是一个自由、平等、幸福的状态，每个人都拥有足够自己生活的物质资料，无须干扰他人生活。然而，随着私有制的产生，人们不再平等，开始了嫉妒、猜疑，甚至互相仇恨和残害，为了恢复以往的生活状态，人们相互约定，通过公意达成契约形成共同体。

霍布斯在社会契约订立的方式上，选择了拥护开明君主，于是诞生了"利维坦"。在霍布斯的社会契约论中，个人转让出所有的权力交给国家，个人与国家之间订立契约，目的是保障公共安全，国家作为统一的人格是高于一切个人之上的。国家拥有绝对权力，具有最高威信，可以约束所有人的欲望。洛克认为个人让渡的只是一部分的权力，而生命权、财产权、人身自由权是断然不可让渡的，他反对君主专制，之所以成立政府也是为了保护这些权利，可见在洛克看来政府的权力是受到限制和约束的。为了避免出现霍布斯的"利维坦"这个必要的恶，洛克主张法治和分权来约束政府行为。

霍布斯主张将权力交给君主，洛克主张保留人民的部分权利建立有限政府，卢梭主张主权在民，政府只是为人民服务的工具。正如著名的卢梭学说研究者贝尔蒂埃指出："除了《社会契约论》的作者之外，还举不出任何一个政论家说过不让国王掌握国家的主权。"卢梭的主权在民学说对后世产生了深远的影响，为西方的民主政治提供了理论基础和前提。

从契约订立结果上看，霍布斯主张建立的是民众不敢反抗的绝对君主制，在他看来君主是可以为人民谋利益的，然而在这样的制度下权利一经让渡，人民就彻底失去了权力，是违背契约的初衷而具有反动色彩；洛克与霍布斯相比有了一定的进步性，他认为君主也受契约的制约，如果君主违约，则人民有权利将他推翻，并且应该限制政府的权力，立法权始终高于行政权，但是仍然需要保留君主；卢梭最为民主，在他那里政府的行为是由公意所决定，需要体现人民的意愿。

霍布斯的契约论具有很大的原创性，他对政府起源的问题给出了自己合理的解释。他也从自然法出发，将自然法作为普遍道德和一般法则，认为其符合个人及公众的利益，而选择"利维坦"是从自身利益出发理性选择的结果。洛克的契约论是表达同意理论的经典理论。在洛克看来，自然法就是道德法，人们通过理性遵从道德，从而具有普遍性特征，但是缺少公正的法官保障自然法的运用。

卢梭继承了社会契约中需要让渡权力的缔约方式，但是他并没有像霍布斯那样将权力让渡给君主，也没有像洛克一样将部分权利让渡给政府，卢梭是让渡给全体人民，实行的是人民的自我管理。卢梭对霍布斯的契约论进行批判，认为霍布斯将国王排除在了全体之外，赋予了君主无上的权力，并且可以干涉个人的所有权利。卢梭指出，人民根据公意成立的国家，派生出政府机构，是用来保护人民的安全，实现自由和平等。卢梭也批判洛克的转让部分权利的做法，认为如果保留人民的部分权利，就会存有私利，影响公意的形成，国家就不能代表所有人的普遍利益。卢梭指出公民只有将自己的所有权利都让渡给集体，每一个公民都是主权者，服从集体就是服从自己，从而获得真正的自由，以此达到契约真正的目的。卢梭不满格劳秀斯、普芬道夫、霍布斯等关于自然法的论述，卢梭在承认人有自然权利的同时也消解了自然法的基础，在卢梭那里，自然法已经被公意所取代，消解了自然法的基础。指出财产权不能算是自然权利，消解了自然法的基础，带有唯物论和辩证法的倾向。

（二）古典契约论的顶峰

霍布斯、洛克和卢梭的理论前提都是自然状态，但是他们对自然状态有着不同的理解和预设。他们的共同之处是都认为自然状态下的人们从个人利益出发，以保全自身权益为首要事务。当步入社会之后，公共的财物不再能满足自身利益之时，人们就选择让渡出自己的全部或部分的权利，然后产生一种新的公共的权力。社会契约论旨在通过普遍立法以实现以个人为基础的市民社会的理想。

在霍布斯那里，这种新产生的权力凌驾于社会契约之上；在洛克那里，新权力被社会契约所制约；在卢梭这里，新的权力也要服从自己。无论新的公共权力地位如何，都是协议的产物。近代的社会契约论为反封建主义提供了理论基础，也对中世纪神学世界观进行了回击，同时论证了现代资产阶级国家的合法性。卢梭对契约论的一个非常重要的贡献就是提出了限制国家的权力。在卢梭权利让渡的逻辑里，人们为公共利益转让部分权利给共同体，国家的权力是受到限制的，而政府只是国家派生的机构、人民的办事员。对于国家和政府权力的限制可以防止"利维坦"的产生，同时保障了公民的最大利益。从霍布斯全部权利的让渡到卢梭有限权利的让渡的发展过程体现了近现代西方哲学家们对于国家和契约的探索、演变和进步。道德的本质是普遍性，它的源泉是自由，即服从自己制定的法律——卢梭用这个划时代的思想为现代政治引入了一个新的维度、一个更高的理想。自此以后，人们才能够将政治的本质不再仅仅理解为强力和利益的运作，而是把自己的强力转化为权利，把服从转化为义务。卢梭契约论区别于霍布斯自由主义的根本点在于，他的政治涉及增加了义务这个要素；服从合法的权力是一种义务，它是权利的真正来源。卢梭与霍布斯的这一差别正是他与康德的共同点，契约论传统至此达到高峰。

卢梭的著作因其是契约论传统之核心的典型代表而达到了社会契约论传统的一个主要阶段的顶点，也是契约论在当代政治哲学复兴之前最近一个阶段的顶峰。尽管卢梭与霍布斯等社会契约论的理论家都利用自然状态论证契约的必要性和道德的可能性。但是，卢梭为政治权利提供了人为约定的基础。① 卢梭的社会契约论具有革命性意义，他通过分析对政治权威的服从源于人与人之间的契约，指出历史上的政府的起源不具有合法性，是富人对穷人统治的结果，巩固了不平等和拉大了贫富的差距。在卢梭之前的契约论关注的都是从契约中为公民社会推论出合法的统治条件，而早在卢梭的《论不平等》中就指出了原始契约的不合法性，他关注的是如何建立理性的政府，讨论的是理性的契约而非实际契约，可以说这是契约论历史上的一个重大转折。

在国家起源论和国家本质论中，社会契约思想被认为是西方政治思想史上的一个里程碑，它体现了现代主权国家理念中的自由平等思想。然而，社会契约思想由于其自身存在的理想化、局限和弊端，也被许多哲学家批评。例如康德、马克思等哲学家对卢梭的社会契约论都进行了批判。然而，在人类社会的政治思想史中，社会契约论思想并没有沉寂。在之后美国著名的自然法学家约翰·罗尔斯对社会契约论进行了修正，以一种新的形式，对世界政治思想家哲学家提出的问题、批评和质疑进行了回应，继续保持活力和生命力。社会契约论在西方思想史上的意义不仅没有被随后的批判、沉

---

① 陈肖生：《现代政治秩序的自我奠基的规范性基础——论卢梭契约理论对自然法的改造及其政治哲学难题》，《南京大学学报》2023 年第 3 期。

寂而失去魅力，反而对之后民主国家的发展和民主革命运动产生了深远的影响。

由霍布斯、洛克开启，延伸至卢梭、康德的契约论传统，说明了国家的起源、设计了理想的政治制度，可以说是发起了一场改变人类政治哲学模式的运动，然而到黑格尔、马克思这里遇到反驳。迈克尔·莱斯诺夫认为卢梭代表了契约论在古典阶段的巅峰，卢梭之后的康德也不再把契约看成是对政治社会如何产生的一种历史解释，而是对政治社会的一种逻辑分析，进而被描述为一种规范性的理想。J. W. 高夫认为康德的政治哲学向我们展示了契约论历史的终结，在康德的著作发表以后，契约论连同与他密不可分的自然法理论一起开始走向衰落。① 黑格尔是最重要的批判者，在黑格尔看来，关乎国家的契约论完全误解了国家的本质。黑格尔认为从来就不存在什么自然状态。黑格尔的国家观，首先否定了契约论的前提自然状态。直到罗尔斯明确地声称继承了康德的非历史主义的契约论观念，复活了契约论。在罗尔斯那里，契约论中涉及的原初状态也仅仅是一种"思想实验"，从霍布斯到卢梭的古典契约论完成了从历史解释到逻辑建构的转型，为康德乃至罗尔斯的契约论思想提供了思想场域。罗尔斯提示人们：社会契约论不仅是国家起源及其正当性的一种可能解释，而且是我们所有视为重要的公共世界的规范体系的起源及其正当性的一种最有说服力的解释。②

二 奠定当代西方政治哲学的基调

卢梭的社会契约论是西方政治哲学的重要组成部分，成为西方政治文化思想中新的理论增长点。他著作中所包含的公共意志、人

① ［英］迈克尔·莱斯诺夫等：《社会契约论》，刘训练、李丽红、张红梅译，江苏人民出版社 2010 年版，第 113 页。

② 包利民：《当代社会契约论》，江苏人民出版社 2008 年版，第 1 页。

民主权学说等理论甚至出现在了《独立宣言》《人权宣言》等法律文件中，被全世界所知晓。卢梭所提倡的自由平等出现在法国大革命的旗帜上，也是西方国家的政治上的价值取向，是现代法律制度制定的基本原则，成为西方国家民主政治的标志。

（一）引导政治哲学进入新的论域

卢梭的政治哲学开启了近代政治哲学的新的序幕，为政治哲学提供了新的论域和话题。自现代政治问世以来，卢梭第一次为它注入了德性、激情和理想主义，从此开启了现代政治哲学的一个新篇章，施特劳斯称之为"现代性的第二次浪潮"。在这次浪潮中，康德和黑格尔是卢梭的后继者和学生，他们沿着卢梭指引的方向继续前进，以相同的忠诚和不同的理路致力于阐释政治中的道德尊严，把现代性置于普遍性的基础上。在他们之后，卢梭的另一位学生马克思则通过以更彻底的方式否定现代自由民主制度，把卢梭的"道德政治"推向了顶点。

个人和共同体的关系一直是西方政治哲学的核心问题，古希腊的政治哲学重视公共价值，柏拉图和亚里士多德主张将共同体建立在至善的基础上，强调国家和社会的优先性，个体是融于共同体之中的，甚至没有个人的观念，这就是将政治建立在伦理上的古典的政治美德。到了近代，特别是霍布斯和洛克将个人价值和权利当作最高的政治原则，强调个人是社会和国家的真正起点，从此个人主义作为西方政治哲学的重要环节。政治个人主义对人们赢得尊严、争取个性的解放具有重要意义，但是被利用为实现个人利益、资本家积累资本的理论基础，实现的只是部分富人的自由和解放。卢梭看到了这一弊端，提出了对布尔乔亚这个"无诗、无爱、无英雄气"的资产者的批判，倡导摆脱对个人的崇拜，他继承了古希腊的德性政治传统，重新呼唤对公共精神的重视，引导政治向道德的回归。

卢梭生活在 18 世纪社会混乱不堪、人们道德品质下降的法国，处于社会底层的他充满了对人们的美德和社会良好风气的渴望。现代的政治哲学家不再以道德为研究对象，人们也不再以追求美好的理想社会为目标，而是把目光转向当下，追求实际利益，并且为现存的制度寻求合法性。政治不再受道德的约束，与之渐行渐远，甚至将道德覆盖。卢梭早在《论科学与艺术》中就指出，他所批判的不是科学与艺术本身，而是要在"有道德的人面前捍卫道德"①，他是最早对现代性进行批判，对启蒙发起攻击的哲学家。

卢梭认为个人的私利都是相互冲突的，所以要寻求一种新的结合形式，那就是大家让渡个人的权利给集体，以集体的力量来更好地保护个人，这就是签订社会契约的过程，也是从个人的特殊意志转换成公共意志的过程。卢梭的公意概念是他的政治哲学的核心概念，他将公共性看作政治合法性的基础。在社会的公共领域中，人们享有公共福利、公共自由和公共精神文化，同时也受法律的保护和制约。近代从霍布斯开始转向了以个人主义为基础的政治哲学，卢梭通过对公意概念的阐释重新将公共性确立为普遍的最高政治目标，从而引导了当代政治哲学的新的方向。卢梭将公共的幸福确立为每个人的目标，将个人与集体紧密地联系在一起，在公共性的指导下获取个人的权利和利益，主张建立公民社会。卢梭将当代政治哲学转变成符合伦理的原则，重新实现了古典政治哲学的关于善的政治的伟大理想："由自由状态进入社会状态，人类便产生了一场最堪瞩目的变化：在他们的行为中正义就取代了本能，而他们的行动也被赋予了前所未有的道德性……此前只知道关怀一己的人类发现自己不得不按照另外的原则行事。"②卢梭政治哲学的理论创新意义

----

① ［法］卢梭：《卢梭全集》（第 4 卷），李平沤译，商务印书馆 2012 年版，第 379 页。

② ［法］卢梭：《卢梭全集》（第 4 卷），李平沤译，商务印书馆 2012 年版，第 36 页。

在于，在现代性地基之上重新恢复德性的政治，坚持社会性的原则和方向，从相互独立的原子式个人的组合到因共同利益和紧密联合的道德共同体。卢梭将只关注私人利益的市民转化为关心公共福祉的公民，以一种更美好、更稳定的生活方式代替了现代社会不可靠的、不安定的生活方式。①

卢梭重视人的内在的世界，以道德情感为纽带作为保存自身和维持社会秩序稳定的方式。他主张公民要进行道德教育，道德的公民是为国家而生存，关心公共的善，爱自己的国家，恨国家的敌人。② 卢梭首倡建立"道德政治"，提出公民社会应该建立在"公意"和普遍性的基础上。③ 康德、黑格尔、马克思跟随着卢梭这一方向，探索道德政治的实现方式，成为卢梭之后政治哲学研究的重要课题。

（二）奠定现代西方政治哲学的基本问题

从 17 世纪到 18 世纪，近代契约论传统经历霍布斯、洛克到卢梭的发展，达到了顶峰。然而，古典的契约论存在很多遭人诘难的问题，引发后来政治哲学家们的反驳，例如自然状态的合理性问题、达成契约方法的逻辑推理上的漏洞等。经验主义者休谟是批判契约论的最重要的哲学家代表，他在著作《论原始契约》中对契约论进行了摧毁式的批判，他认为政府是通过暴力形成的，而不是来自契约和协议，人们出自生存需要和自身的利益需求而服从统治，效用是权力被认可的最初动机。康德自称受休谟的影响从独断论中走出来，但是面对其对契约论的批判，康德从理想主义出发为契约论做

---

① 张盾、袁立国：《对社会的再发现：从卢梭到马克思》，《马克思主义与现实》2012 年第 3 期。

② ［美］布鲁姆：《巨人与侏儒——布鲁姆文集》，秦露、林国荣、严蓓雯等译，华夏出版社 2003 年版，第 205 页。

③ 张盾：《"道德政治"谱系中的卢梭、康德、马克思》，《中国社会科学》2011 年第 3 期。

出积极辩护。

尽管康德赋予契约论以规范性的内涵，克服因休谟批判导致的契约论危机，但是古典契约论所依赖的先验假设终究失宠，功利主义大行其道将之取代成为西方政治哲学的主导。相比契约论而言，功利主义的优势在于理论上简单直观，更能被人们所接受。功利主义代表人物密尔指出，最大幸福原理是由行为是否有助于促进幸福而判断其正确与否。其理论功利化色彩严重，致使一部分人的权利遭到了侵犯而实现社会的更大权益，在这里幸福和道德是不相关的，或者说幸福才是善。如果卢梭在肯定是要对功利主义大加批驳的，他反对启蒙指出科学给道德带来的退步，他反对整体的利益大于每一个人的利益。罗尔斯作为卢梭的后继者，他改造了古典的契约论，有力反驳了功利主义，使其丧失了统治西方政治哲学 100 多年的地位。

罗尔斯在 1971 年发表了《正义论》，这部著作的出版是 20 世纪下半叶西方思想界最重大的事件，它所引起的反响之巨大和热烈，激发的辩论之剧烈和深入，所产生的学术文献之重要和众多，在整个西方思想史上都是极为罕见的。[1] 罗尔斯改造了古典的契约论，他用"原初状态"代替了卢梭的"自然状态"，用"正义"替换了卢梭的"自由"主题，拒绝用自然法解释人性，同时他还将自然权利原理和康德的实践理性融合在一起，为近代的自由主义增加新的元素，罗尔斯的契约论被称为新契约论。罗尔斯新社会契约论不是解释国家的起源，而是追求适合社会基本结构的正义原则，他以理性人作为理论出发点，论证人们如何选择和建立正义的社会。为此，罗尔斯引入一个重要的概念"无知之幕"，用来解释类似于卢梭"自然状态"的"原初状态"，在无知之幕的背后人们做出选择，以达到公平正义的契约结果。罗尔斯在订立社会契约的方式上，遵循

---

[1]　姚大志：《当代西方政治哲学》，北京大学出版社 2011 年版，第 6 页。

两个原则：一是"平等的自由原则"，即每个人平等地享有基本的自由权利；二是"差别原则"，在调节社会权益和分配利益时保证最少受惠者的最大利益。罗尔斯将以往契约论者对理想社会制度的描绘落脚在正义的社会基本结构的构建上来。他继承了卢梭等契约论者的普遍同意理论，将个人看作国家存在的前提，人民授予了国家的权力。

从此，政治哲学以社会契约论形式的展开得以复兴，改变了西方政治哲学发展的进程，并将政治哲学的主题由自由转换为平等。可以说，罗尔斯引领了当代政治哲学的发展，正义作为最为关注的主题引发了剧烈而深入的讨论，争论者都以罗尔斯为核心展开自己赞成或批判的理论，大致可分为三种立场：自由主义、社群主义和以现代主义和共和主义为主的第三势力。后来，罗尔斯的学生斯坎伦的道德契约主义对道德—政治问题重新阐释，他对行为是否符合道德提供了新的标准，进一步发展了社会契约论。

罗尔斯的公平的正义保留了卢梭理论的特色，兼顾了过程正义和结果正义。① 卢梭的思想中既有古典传统，又有现代观念，是西方政治哲学的关键人物。他结束了西方自然法传统，达到了契约论的顶峰，开启了西方政治哲学新的论域和议题。在政治思想史上，卢梭开创了将社会的本质归结为人的理性意志（自由意志）的新传统，以此为基础，人类才有可能建立起掌控社会乃至创造自身历史的宏伟规划，在这条道路上，康德、黑格尔和马克思都可以被看成卢梭遗产的执行者。康德称卢梭为道德领域的牛顿，康德将卢梭提出的自由原则在理论上发挥纳入伦理学的范围并由此建立了道德哲学。黑格尔曾明确指出"休谟和卢梭是德国哲学的两个出发点"②，

---

① 潘梦璐：《罗尔斯对卢梭立法者难题的化解》，《政治思想史》2020 年第 1 期。

② 黑格尔：《哲学史讲演录》（第 4 卷），商务印书馆 2016 年版，第 264 页。

他在《法哲学原理》中批判了卢梭的公意观点并形成了自己的国家观。马克思在青年时期阅读了卢梭的《社会契约论》并形成笔记，对马克思青年时期的思想转变起到了重要影响，德拉-沃尔佩曾说道"马克思的《黑格尔法哲学批判》是一部自始至终渗透着典型的卢梭人民主权思想的著作"[①]，还启发了马克思为实现人的真正自由平等而奋斗，资产阶级解决不了的问题诉诸社会主义或共产主义。

本章小结

卢梭哲学是西方政治哲学不可绕过的重要思想资源，他不仅继承了之前政治哲学之精华，而且为之后政治哲学提供了新的研究主题。卢梭对人类心理和社会最敏锐的观察，不仅对 18 世纪的法国有启发，就是对今天的个人生活和社会动力仍然富有启示。卢梭预见的这些问题，也成为黑格尔和马克思的某些中心议题，他提出在主权者进行决定的过程中，每个人都有权利平等地表达意见，这开启了政治变革的进程，至今依然是我们的奋斗目标。[②]

卢梭深受古希腊理性主义政治哲学传统影响，怀有古希腊德性城邦的古典情怀，又兼受近代自然法和契约论传统的洗礼。面对古典与现代的冲突、自然与文明的矛盾，卢梭对启蒙与科学进行了深刻的反思，在承继以往丰厚政治哲学遗产基础上形成了别具一格的具有强烈现代性批判性色彩的政治哲学。卢梭的政治哲学结束了西方自然法传统，达到了契约论的顶峰，开启了西方政治哲学新的论

[①] ［意］德拉-沃尔佩：《卢梭和马克思》，赵培杰译，重庆出版社 1993 年版，第 136 页。

[②] ［英］尼古拉斯·登特：《卢梭》，戴木茅译，华夏出版社 2019 年版，第 6 页。

域和议题。卢梭在其著作中构建了自己的政治哲学体系，诠释了其政治权利原理，并论证了政治生活的可能性。正是这样一位具有鲜明特色的真实人物绘就了一幅生动的政治哲学画卷，形成了"自然状态""私有财产""共同体""社会契约"等为关键词的政治哲学体系。

《社会契约论》是卢梭政治哲学中最经典的文本，卢梭在这里塑造了一个具有强大功能的立法者，在由这个立法者创制的国家中，体现了自由、平等和公正的理想国家蓝图。卢梭严格区分了主权者和政府，给人民以最高的主权，他的一系列政治构想，希望能在实践中得以应用，科西嘉反政府武装的领袖给予卢梭一个实现政治抱负的机会，希望卢梭为其立法，但是由于其政治原则的抽象性受到现实因素的制约，最终难以实现。

卢梭除政治哲学著作，还有音乐、教育、植物学、宗教等内容的著作，著作体裁形式包括议论、小说、自传等，他兴趣多样、涉猎广泛。从这些著作中，可以看出卢梭的丰富想象力、非凡创造力以及大胆的政治设计能力，这些作品启发了后世的哲学家和政治家，还引发了法国大革命这样在历史上影响深远的政治事件，重新塑造了人们的某些观念和对自我的认知。卢梭也被称作浪漫主义的奠基人，他用怜悯取代荣誉表达了对个体血气的依赖。卢梭认识到了公民社会的存在与人类的演化及其历史是密切相关的，在此意义上，后来康德、黑格尔和马克思提出的"历史哲学"，不过是进一步阐明了卢梭对先前哲学的批判所暗示的东西。[①] 卢梭增加了人们对正义的渴望，提供了认识现代性的新视角，对康德的道德命令和黑格尔对公意的理解有着绝对的影响，与马克思更是有着共同的关注点，在他们的著作中有值得对比的惊人之处，进行这些研究将是富有成果

---

① ［美］马斯特：《卢梭的政治哲学》，胡兴建、黄涛等译，华东师范大学出版社 2013 年版，第 273 页。

和生动有趣的。①

卢梭的社会契约论是西方政治哲学的重要组成部分,成为西方政治文化思想中新的理论增长点。他著作中所包含的公共意志、人民主权学说等理论甚至出现在了《独立宣言》《人权宣言》等法律文件中,被全世界所知晓。卢梭所提倡的自由平等出现在法国大革命的旗帜上,也是西方国家在政治上的价值取向,是现代法律制度制定的基本原则,成为西方国家民主政治的标志。卢梭的思想中既有古典传统,又有现代观念,是西方政治哲学的关键人物。他结束了西方自然法传统,达到了契约论的顶峰,开启了西方政治哲学新的论域和议题。在政治思想史上,卢梭开创了将社会的本质归结为人的理性意志(自由意志)的新传统,以此为基础人类才有可能建立起掌控社会乃至创造自身历史的宏伟规划,在这条道路上,康德、黑格尔和马克思都可以被看成卢梭遗产的执行者。

_____

① [英]尼古拉斯·登特:《卢梭》,戴木茅译,华夏出版社 2019 年版,第 234 页。

第二章　从卢梭到马克思的政治哲学历程

马克思和卢梭的思想关系可以理解成从卢梭到马克思的思想关系，在马克思思想的形成过程中，卢梭、康德、黑格尔以及青年黑格尔派都起到重要作用。费尔巴哈在马克思转向唯物主义过程中起到了至关重要的作用，但是马克思认为他"谈论自然过多，谈论政治太少"，因此本书并没有将费尔巴哈列为重点讨论的对象，而探讨的是康德和黑格尔在从卢梭到马克思政治哲学历程中的影响。马克思有直接阅读卢梭文本得出的结论，也有以阅读康德和黑格尔对卢梭的解读或批判为契机再次引发对卢梭的思考，最终形成思想中具有卢梭因素的观点。所以分析从卢梭到马克思的政治哲学历程至关重要。

康德回应了卢梭对现代性的批判，为启蒙和文化的普遍性正名，受卢梭影响从对理性知识的研究转向对人性的讨论，以卢梭的公意思想为出发点建设自己的道德的形而上学最终形成一整套伦理体系，到了晚年又转到具体事务的政治上来。黑格尔批判了契约论国家观，特别分析了卢梭的公意概念，认为公意在卢梭那里等于众意，应该为法国大革命的恐怖负责，论证了自己的理念国家观。马克思思想主要来源于德国古典哲学，其中康德、黑格尔理论中都具有较大的卢梭因素，直接或间接地对马克思的思想形成产生影响。

第一节　卢梭对康德道德哲学构成的影响

康德和卢梭的思想关系学术界已广泛讨论并认同，连康德自己也多次强调自己受卢梭的影响比较大，这些有很多文本的依据。罗素在《西方哲学史》中指出康德说休谟是个必须予以驳斥的敌手，然而卢梭对他的影响却比较深。[①] 之所以这么说是因为康德认为是卢梭改变了自己对人的态度，意识到了人的尊严和价值，为恢复人之为人的权利而从事哲学工作。康德曾说："我自以为爱好探求真理，我感到一种对知识的贪婪渴求，一种对推动知识进展的不倦热情，以及对每个进步的心满意足。我一度认为这一切足以给人类带来荣光，由此我鄙夷那帮一无所知的芸芸众生。是卢梭纠正了我。盲目的偏见消失了，我学会了尊重人性，而且假如我不是相信这种见解能够有助于所有其他人去确立人权的话，我便应把自己看得比普通劳工还不如。"[②] 康德将卢梭称为道德领域的牛顿，因为卢梭表达了最纯粹的道德良心，牛顿发现了物理世界的运行秩序和规律，而卢梭是第一个发现了被隐藏的人的本质和规律。康德的前半生《纯粹理性批判》阶段，受牛顿和休谟的影响比较大，研究内容为知识理性；在接触卢梭之后，开始转向伦理学的构造、道德政治的研究，体现在《实践理性批判》和《道德形而上学的奠基》中，康德将实践理性放在比纯粹理性更重要的位置。黑格尔在《哲学史讲演录》中指出："在卢梭那里作为绝对的东西出现的自由原则提供了向康德哲学的过渡，康德哲学在理论方面是以这个为基础的。"[③] 康德对卢梭的政治哲学进行了批判，同时也继承和改造并发展为自己的道德政治和伦理学。

一 卢梭的"公意"概念对康德的启示

卢梭社会契约的前提首先是每个人的意志是自由的，既然自由

---

① ［美］罗素：《西方哲学史》（下），马元德译，商务印书馆 1982 年版，第 247 页。

② ［美］梯利：《西方哲学史》，葛力译，商务印书馆 1999 年版，第 430 页。

③ ［德］黑格尔：《哲学史讲演录》（第 4 卷），商务印书馆 2016 年版，第 260 页。

就会有不一致和冲突，共同体需要建立在公意的基础之上。在卢梭这里，自由是服从公意的，每个人要服从自己为自己所立的法和公共权力，这样才能实现真正的自由。卢梭的公意概念主要是为了给政治的合法性提供根据，这个根据就是公共性；普遍性概念则是为了从道德上支持公共性，反对作为现代人权利的无限制地追求私利。这个公共性显然不是纯形式化的思想，它是源自古典共和政治，并被现代的革命重新确认的一个实质性的政治目标，即建立一个包含公共自由、公共福利和公共精神的公共领域。公共性是卢梭的实质性政治诉求，在卢梭看来，只关注一己私利是人的前政治状态，因为私利永远相互冲突，在私利的基础上永远不可能建成政治社会。卢梭强力论证，建立公民社会的真正收益正是使政治获得了道德性：由自然状态进入社会状态，人类便产生了一场最为注目的变化；在他们的行为中正义取代了本能，而他们的行动也就被赋予了前所未有的道德性。[①]

卢梭公意建立在普遍性的基础上，这个普遍性的来源不仅有理性还有感情；而在康德那里普遍性是绝对的善，是最终的理想目标，是不掺杂任何私欲和情感因素的。康德在通过哥白尼式革命提出知性为自然立法解决了人能知道什么的问题之后，又主张给知识划界，为道德信仰留下地盘，通过理性为自身立法。在康德这里，人是自然的存在同时又是理性的存在，既服从自然法则又要服从理性法则。康德限制了人的认识能力，从而为自由留出余地，体现了实践哲学的根本精神。卢梭的"公意"思想首先让康德开始意识到人的自由意志的重要性，让康德注意到意志是与理性联系在一起的，不能由外在的质料和内心的欲望所限制，自由意志是道德的基础。其次，康德将公意等同于善的意志，提出了自由即自律的观点。康德区分

---

① ［法］卢梭：《卢梭全集》（第 4 卷），李平沤译，商务印书馆 2012 年版，第 36 页。

了理性为自身立法与他律的自然法则的不同，因为自我立法、自己遵守体现了自由，同时也是道德的表现，理性自己所确立的法则属于实践理性的实践领域。康德因此被称为自由主义的代表，与卢梭的公意和契约论国家的共和主义立场是不同的，他调节了自然与理性的矛盾，赋予了公意以新的含义，解决了卢梭运用公意概念时所遇到的困境。

卢梭将人类的堕落归咎于文明和进步，但是他并不是主张回到自然状态，而是通过公意建立共同体重获社会的自由，在社会状态下人们收获的还有道德。康德注意到了这一点，认为道德的收益才是人的真正自由和尊严的标志。康德同样将自由意志作为自己道德哲学和伦理学的出发点，他看到了在卢梭公意思想中，普遍性是产生道德的基础。卢梭以其独特的方式揭示了启蒙主义的内在矛盾，反思了文明和科学的进步对道德的冲击。如果说休谟的怀疑论使康德深入科学知识的基础问题，那么卢梭对启蒙主义的反思则使康德意识到科学知识的局限和自由问题的重要意义[①]。康德针对卢梭对现代性的批判的回应首先是为启蒙进行辩护，所以他的首要任务是调和理性和自由的冲突，来证明文化和启蒙的普遍性。

布鲁姆在《美国精神的封闭》中指出康德在使用文化一词时一定会联想到卢梭以及卢梭对资产者的批判。"资产者"一词是卢梭的发明，指的是无诗、无英雄气的不具有普遍性、自私自利的个人。正是因为资产者不具有普遍性，为了重新确立普遍性，康德以在所有人身上寻找永恒的、普遍的东西为目标，并以此作为其道德哲学的起点，并最终证明启蒙精神与真正的道德是一致的。康德进而论证文化并不是资产者的专属，而是具有普遍性的，因为它的目标就是卢梭所说的道德。启蒙正是需要人们完全走出自然状态，超越本能的自私自利，达到一个自由的普遍性的状态，这与卢梭"要求人

---

① 张志伟：《西方哲学史》，中国人民大学出版社 2002 年版，第 533 页。

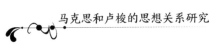
们用权利取代欲望，用义务来代替本能"，"在听从自己的欲望之前，先请教自己的理性"的思路是一致的。

卢梭的公意理论进而引发了康德的伦理学思考和研究。康德伦理学的核心概念是实践，实践理性是不同于理论理性遵循道德法则的自由领域。康德的道德理论是动机论的代表，他不依靠结果而是依靠动机而判断其行为道德与否，这可以说是当时功利主义伦理学盛行时期的反思潮的观点。康德在《实践理性批判》中提出的问题是：我们行为的动机是完全受到经验的限制还是有可能由理性来决定？根据康德的道德理论，决定行为的意志动机是先天普遍的，而不是主观经验的，因此它能使人们超越利益和经验的限制，是以自由作为道德法则的存在根据。在康德看来，自由是不可认识的，但是可以被思想着的存在，自由和道德法则似乎是互为存在的前提。在康德的伦理学中，道德法则是一个普遍存在着的客观的法则，每个人用这个普遍有效的法则决定自己的意志，遵守自己为自己确立的法则。康德通过自己的一套伦理学体系论证了人是可以摆脱自私自利的天性和超越资产者的利益动机的，人具有绝对自由的意志，是高尚和有尊严的。康德是彻底拒绝自然法和自然主义的，主张善是理性的产物并非出于自然，人要维护自己的尊严和独立就应该借助理性摆脱自然，成为自己真正的主人。因此，康德不同于卢梭，他称赞启蒙和科学发展有助于道德的进步，文化也促进社会的发展，一切都是以人为目的，用他自己的定言命令的表达式来说就是"你要如此行动，即无论是你的人格中的人性，还是其他任何一个人格中的人性，你在任何时候都要同时当作目的，绝不仅仅当作手段来使用"①。同样的话在卢梭的《新爱洛依丝》中也表达过："人是何等高尚的存在，以致不能简单地把他当作为他人效劳的工具，决不

---

① ［德］康德：《康德著作全集》（第4卷），李秋零译，中国人民大学出版社2005年版，第437页。

能不同时考虑他本人的利益，迎合他人而利用。"①

二　康德对卢梭"道德政治"的先验阐明

由霍布斯、洛克开创的自由主义现代政治具有非道德的特殊性性质，他们提倡追求个人私利，忽视道德，卢梭对此进行反抗，开始主张将政治建立在公意和普遍性的基础上，卢梭恢复了近代以来被遗忘了的道德政治。卢梭之后，康德、黑格尔以及马克思都继续沿着卢梭的道德政治之路前行，并将道德政治发展成一个完整的思想体系。康德的主要贡献是为卢梭的"道德政治"做出先验的阐明。

在卢梭看来，近代以来霍布斯和洛克在政治哲学中删除了道德因素，仅仅通过社会契约形成社会。卢梭深谙人性的复杂，渴望呼唤人性中的善，将政治和道德重新联结在一起。卢梭赞扬自然状态下的人们自由平等、淳朴天真，同时他也注意到自然状态的毫无秩序的自由，人们独自行动，缺乏普遍性的特征，随着自然灾难的增多和人口数量的增长，必定会有竞争和伤害。卢梭在他的政治权利原理的设计中恢复了被霍布斯等人排除在外的道德因素，建立具有道德的现代政治，以此解决个体与公共性之间的冲突。虽然卢梭与霍布斯、洛克都是契约论的代表，但是他并没有沿着自由主义的道路走下去，他的政治设计增加了义务这个要素：服从"合法的权力"是一种义务，它是权利的真正来源。② 在这一点上康德与卢梭是一致的。

意志自由的含义是意志不受到任何外在的事物和内在的欲望所影响，只能由理性自身所决定，所以它只能自己为自己订立法则，

① ［法］卢梭：《卢梭全集》（第 8 卷），李平沤译，商务印书馆 2012 年版，第 56 页。

② 张盾：《"道德政治"谱系中的卢梭、康德、马克思》，《中国社会科学》2011 年第 3 期。

意志自由是任何思想和道德学说的前提条件，正是因为我们有选择的自由，才能选择为自己的言行所负责，才能称得上道德。在康德的理性批判中，排除了经验的东西，致力于确立某种先验性。为了保证道德的实现，康德又不得不提出了实践理性的三个公设：意志自由、灵魂不死、上帝存在。康德的"知性为自我立法"的道德行为与卢梭的服从自己为自己所制定的法律的政治行为具有一致性，卢梭的公共意志变成了康德的"善良意志"。从当时欧洲的历史来看，这一变化正好对应于18世纪的"革命中的公民"转变为19世纪退向"内心良知领域"的个体自我。① 卢梭的自由来源于公民服从自己制定的法律，因将现代政治建立在公意基础上从而合法化，因将服从转化成义务从而成为"道德政治"的根基。康德将卢梭的政治问题先验化，继承了卢梭的公意概念和义务因素，继而提出了"自由即自律"的观点，成为道德哲学的原则。但是，康德的道德原则只是一个形式原则。

康德认为我们无法说明什么是先验自由，也无法给出任何理论阐明，但它是一种必然的纯形式法则存在。因为自由的意志只能由纯粹的理性所把握，为自身所立之法也是纯粹形式的、不掺杂任何感性质料的法则，这样才能保证不受外界因素的影响的自律。自由意志经过了康德所强加的必然的绝对的先验化，其形式不同于之前由卢梭所探讨的个体意志与集体意志、私利与公共善之间关系的政治问题，而是变成了感性与理性、质料与形式之关系的先验问题。这个形式法则通过以下三个定言命令公式来表达。"普遍性公式"：定言命令的最重要的公式，按照普遍的准则去行动，这个准则通过意志成为普遍的法则。这个公式所强调的定言命令乃是对一切有理性者都普遍有效的道德法则。"质料公式"：你的行动，要把你自己

---

① 张盾：《"道德政治"谱系中的卢梭、康德、马克思》，《中国社会科学》2011年第3期。

的人格中的人性和其他人格中的人性，在任何时候都同样看作目的，永远不能仅仅看作手段。"自律性公式"：每个有理性者的意志的观念都是普遍立法意志的观念，从而每个有理性的存在，在任何时候都要把自己看作一个由于自由意志而可能的目的王国中的立法者。康德利用这三个公式化解了自由与道德法则的矛盾，论证了人的尊严和价值。康德的道德律是一个纯粹的形式原则，理性无须任何的经验性的条件、先天而直接地作为必然的命令强加给我们的意志，所以理性可以超越一切经验和利益的限制，人们也只能选择依据普遍性规则行动。康德道德哲学的目标是给现代政治的人权原则提供先验论证。这里的问题是：从集体自我立法到个人自律，这个道德个体与人的权利、公民社会和共和政体有什么内在关系？康德把对政治的道德理解推向空前的高度。

康德改变了仅在权力和利益层面划分特殊性和普遍性的旧政治思维，而在感性与理性、现象与本体这一形而上学层面重新划分特殊性与普遍性，把特殊性的私利分析为一个感性欲求概念即幸福原则，而把普遍性赋予理性主宰下不沾染任何感性欲望、永远只追求更高理想的绝对善良意志。这就为现代政治的普遍性原则奠定了全新的先验哲学基础，使其在理论上做到彻底。

三　康德的法哲学与政治哲学构想

在康德的三大批判之后，也是法国大革命之后，康德的兴趣便从先验问题转向具体事物，康德晚年时期的自由概念已经不是以上所提到的先验的自律，而是从知性为自然立法回到卢梭政治哲学中"人们服从自己为自己制定的法律"这一具体问题上。康德早期将伦理共同体和政治共同体做了明确的区分，我们现实中的公民社会被康德称为政治共同体，政治共同体有一个类似于理念的原型世界，被康德称为目的王国的伦理共同体。后来，康德补充道：在这个目的王国中也要遵守法律，自由随之从先验问题回归到了现实问题。

康德的政治哲学是霍布斯、洛克和卢梭政治哲学体系批判性的综合，他从霍布斯的自然状态出发，认为自由是人的唯一天赋，也是理性所赋予的权利，每个人平等地享有自由的权利，是自己的主人。在所有权的问题上，康德有着独特的看法，他反对洛克通过自己劳动取得所有权的观点，他认为所有权并非人和物的关系，其实质是人和人的关系，是人通过对一物的占有而约束了他人对此物的染指。但是，如果没有法律的规定，人们不会认可他人的所有权，所以有需要摆脱自然状态进入国家的状态。在这一点上，康德与卢梭的论证思路是不同的，在康德看来要想实现自由，就需要保证所有权的有效性，需要得到公共的普遍立法的保障，由此必然进入国家状态。国家的存在是一切权利实现的前提，也是依据理性所必然存在的，并不同于霍布斯、洛克和卢梭的假定的自然状态中的人的善恶，而是因权利的规则被先天地论证的必然存在。康德认识到卢梭将国家建立在公意的基础上的不现实性，因此并没有将义务建立在契约上，而是直接归于理性的定言命令：应当服从于现存的立法权力，不管其源出何处。

自由问题仍然是康德政治哲学中的核心问题，而自由与权利密不可分。权利关涉的是与幸福相关的生命和财产权，还有对外在的东西的必要的所有权。康德批判了以往的自然法学家，他们将自然法看作不受人为因素控制的外在的自然规律，在康德看来，人若只能被动地服从自然法就丧失了人之为人的尊严。在《纯粹理性批判》中，他将法权和道德的关系比作空间和时间的关系，空间是纯形式的外部现象，而时间是所有现象的先天条件。康德将法权建立在自由之上增加了道德的内涵，颠倒了道德在法律之上的结构、换之法律以道德为立足点的新结构模式。在《道德形而上学》中康德具体区分了法权与道德，他提出意志和任性两种不同的欲求能力的概念：

"如果欲求能力与自己产生客体的行为能力的意识相结合，那它就叫做任性……如果欲求能力的内在规定根据，因而喜好本身是在主体的理性中发现的，那么这种欲求能力就叫做意志。"① 根据康德的定义，任性是相对自由的，而意志则是不受感性因素的独立的欲求能力，意志可以为任性提供行动依据，意志就是实践理性本身。任性是有自由选择的能力，而意志是必然的，无所谓自由不自由。康德进一步指出："法则来自意志，准则来自任性。"② 自由任性是与行动的对象和结果相关的意识，自由意志则与这些无关，它是为行动提供法则的、排除任何经验的形式，因此能够提供普遍的道德法则。而这个普遍的道德法则是："任何一个行动，如果它，或者按照其准则每一个人的任性的自由，都能够与任何人根据一个普遍法则的自由共存，就是正当的。"③ 道德和法的区别总体上规定了公民和市民的区分标准。作为人，人类社会的成员服从的是伦理原则，作为市民，服从于国家的法。康德同卢梭一样，认为立法权应当归于全体人的普遍意志，它将市民社会等同于国家。在康德看来，政治和道德是不可分的，道德是将每个人的特殊意志与全体人的公共意志相协调统一，使私利服从公意。卢梭的和平观念是康德的"永久和平"的来源，康德沿着卢梭所开拓的道德政治的道路，将其发展成一个完整的伦理体系。

值得一提的是，康德在《道德形而上学》的第一部分第二卷《公共法权》第 47 节中论述契约的文字："一个国家就是一群人在法权法则之下的联合……人民中的所有人都放弃自己外在的自由，以

---

① 〔德〕康德：《康德著作全集》（第 6 卷），李秋零主编，中国人民大学出版社 2019 年版，第 249 页。

② 〔德〕康德：《康德著作全集》（第 6 卷），李秋零主编，中国人民大学出版社 2019 年版，第 263 页。

③ 〔德〕康德：《康德著作全集》（第 6 卷），李秋零主编，中国人民大学出版社 2019 年版，第 267 页。

便作为一个共同体……"① 这段话几乎和卢梭在《社会契约论》中的表述是一致的。在关于法权的论述中，康德提出了生而具有的法权只有一种，就是自由，与卢梭的人生而自由的说法如出一辙，康德将自由看作道德哲学的拱心石。罗尔斯一语中的："康德的主要目标是加深和证明卢梭的观点：即自由就是按照我们给予自己的法律而行动。"②

康德的法哲学和政治哲学一直以来都是被忽视的，阿伦特甚至认为这是康德年老的发昏之作，与他的三大批判没有可比性。康德政治哲学没有受到应有的关注，与当时英美思想家占领自由主义和契约论领域的外部原因也有很大关系，在这里就不具体说明了。当然，也有不同的声音，认为康德的政治哲学在政治思想史上具有重要地位，特别是罗尔斯、哈贝马斯推动了康德式的政治哲学的兴起和发展，学界更加关注康德的法权学说和政治哲学。

第二节 卢梭对黑格尔法哲学体系构建的影响

黑格尔作为德国古典哲学的集大成者，以更加庞大的哲学体系进一步印证了上述有关德国哲学深刻性的讨论。黑格尔年轻时与康德一样喜欢和崇拜着卢梭，法国大革命爆发时他正在图宾根大学学习。他在朋友的纪念册的题词中写道"卢梭万岁""自由万岁"，还与几个好朋友在郊外种"自由之树"。黑格尔在图宾根大学就读时期，对德国传统学院哲学和当时被广泛关注的康德《纯粹理性批判》都兴趣缺乏，他更加偏爱卢梭和莱辛。就像劳伊特维恩所说的那样：

---

① ［德］康德：《康德著作全集》（第 6 卷），李秋零主编，中国人民大学出版社 2019 年版，第 358 页。

② 张盾：《"道德政治"谱系中的卢梭、康德、马克思》，《中国社会科学》2011 年第 3 期。

至少在我认识他的四年里，形而上学并不是黑格尔的特殊兴趣。他心目中的英雄是卢梭，他后来的简介只是从外面获得的，因为在图宾根大学时，他甚至并不真正熟悉他的前辈康德，每次在学术上有才华的学生聚在一起讨论康德和莱因霍尔德以及批判哲学的现状时，黑格尔宁可缺席而去读卢梭。① 黑格尔在青年时期熟悉并接受了卢梭关于宗教的思想，运用到自己的神学之中，他充分重视卢梭的自由思想，主张以改进基督教的方式实现人的自由。黑格尔在《哲学史讲演录》中说："休谟和卢梭是德国哲学的两个出发点。"② 在黑格尔哲学的问题意识和基本方向的形成过程中，卢梭的思想发挥了极为重要的影响。

一　卢梭"公意"的概念对黑格尔的启示

黑格尔赞同卢梭将公意和众意进行区分，并将公意看作自在自为的自由意志，而自由意志是法的出发点并决定了法的地位。卢梭在《社会契约论》中认为法律是公意产生的；黑格尔在《法哲学原理》中提出"法是自由意志的定在"③ 的观点，他明确地承认他的法律自由说是对卢梭、康德等人的法律与自由思想的继承、发展和改造的产物。

黑格尔虽然称赞卢梭将公意和众意的区分，但是他认为卢梭的公意本质上就是众意，是特殊意志中共同的意志，而不是黑格尔所运用的普遍的理性意志。黑格尔认为卢梭意图以公意原则作为契约前提立国，必然导致作为普遍意志与普遍对象结合物的公意原则一

---

① Fulda H., "Rouseausche Probleme in Hegels Entwicklung", Rouseau, *die Revolution und der junge Hegel*, Stut-gart：Klet-Cota, 1991, p. 42.

② ［德］黑格尔：《哲学史讲演录》（第 4 卷），商务印书馆 1978 年版，第 237 页。

③ ［德］黑格尔：《法哲学原理》，范扬、张企泰译，商务印书馆 1961 年版，第 30 页。

踏进契约的领域就沾染了契约的特性而沦为众意。黑格尔认为"契约乃是以个人的任性、意见和随心表达的同意为基础的"①,"在契约之中没有普遍性的理性意志,只有任性的特殊意志"②。法国大革命就是卢梭的公意的抽象的普遍性滥用的结果,应该为这场悲剧负责。他这样评价法国大革命:"当时一切才能方面和权威方面的区别都被废除了。这一个时期是战颤、震惊、势不两立,来对抗每个特殊物。因为狂热所希求的是抽象的东西,而不是任何有组织的东西,所以一看到差别出现,就感到这些差别违反了自己的无规定性而加以毁灭。因此之故,法国的革命人士把他们自己所建成的制度重新摧毁了,因为每种制度跟平等这一抽象的自我意识背道而驰。"③ 黑格尔切中要害地批判了卢梭依托契约的公意原则允诺道德自由意图提升自由的道德尊严,实则引发了绝对自由的狂热。

黑格尔认为公意只被理解为共同的东西,即共同意志,因而就下降为一种临时性的契约,从合乎理性的东西降低成了仅仅是合乎知性的结果。在黑格尔看来,卢梭的错误就是把公意仅仅理解为共同意志,而不是普遍意志,理解为具体的、可操作的、任意的契约,而不是神圣的伦理原则。

黑格尔曾指出他的《法哲学原理》中的国家部分所针对的就是卢梭的公意学说。他首先肯定了卢梭在国家问题的内在方面有其卓越的贡献,即在卢梭的眼里,以往把国家的产生归结到人类的社会性本能或神的权威,只是外部的形式,它的内容其实是思想或思维本身,也就是意志;但卢梭这里所理解的意志就其层次来说似乎还

①　[德]黑格尔:《法哲学原理》,范扬、张企泰译,商务印书馆 1961 年版,第 32 页。

②　[德]黑格尔:《法哲学原理》,范扬、张企泰译,商务印书馆 1961 年版,第 33 页。

③　[德]黑格尔:《法哲学原理》,范扬、张企泰译,商务印书馆 1961 年版,第 15 页。

不足以达到国家原则的高度。黑格尔着重批判了卢梭所代表的国家契约论，他认为契约首先是从任性出发的，不具有必然性；其次是契约甲乙两方的共同意志，不具有普遍性；最后，契约的客体是个别的外在物，受任性的支配。黑格尔强调："近人很喜欢把国家看做一切人与一切人的契约。他们说，一切人与君主订立契约，而君主又与臣民订立契约。这种见解乃是由于人们仅仅肤浅地想到不同意志的统一这一点而来。但在契约中存在着两个统一的意志，他们构成双方当事人，并且愿意继续成为所有人。所以契约从人的任性出发，在这一出发点上婚姻与契约相同。但就国家而论，情形却完全不同，因为人生来就已是国家的公民。任何人不得任意脱离国家。生活于国家中，乃为人的理性所规定，纵使国家尚未存在，然而建立国家的理性要求却已存在。入境或出国都要得到国家的许可，而不系于个人的任性，所以国家绝非建立在契约之上，因为契约是以任性为前提的。如果说国家是本于一切人的任性而建立起来的，那就是错误的。毋宁说，生存于国家中，对每个人说来是绝对必要的。现代国家的一大进步就在于所有公民都具有同一个目的，即始终以国家为绝对目的，而不得像中世纪那样就国家问题订立私人条款。"① 黑格尔认为在国家中，特殊性原则与普遍性原则实现了伦理性的统一，因此国家是具体的自由的实现。

黑格尔将公意作为支持其国家理念的意志原则，分析了现代政治不可能适用古典的民主制，因此探索符合现代世界的政治体制和民主方式。卢梭的全民参政与全体意志要求来源于古典民主制，一切国家法律与社会规约由公民大会规定，所有公民到场就某项提议提出表决；国家主权权威来自全体公民意志，不包含在独立于全体的任何部分之中。黑格尔认为卢梭通过契约所达成的一致，是由当

① ［德］黑格尔：《法哲学原理》，范扬、张企泰译，商务印书馆1961年版，第95页。

事人双方所决定，是他们的共同意志，但是并不是普遍的意志，因此卢梭的公意并非真正的"公意"，仍然是众意。

邓晓芒在《从黑格尔的一个误解看卢梭的"公意"》中为卢梭做出辩解：他指出黑格尔误解了卢梭的公意，卢梭作为社会契约的公意是有其哲学基础的，而且在《社会契约论》中，卢梭明确区分了众意和公意，同时也清楚建立在公意之上的共同体的不现实性，只是树立一个理想的目标加以趋近。所以卢梭不应该为法国大革命的失败承担责任，是黑格尔和法国大革命理论家没有真正理解卢梭的公意思想。在卢梭看来，国家是为每个公民谋取福利的，而黑格尔却将国家神化，人因国家而存在。所以，卢梭的公意可以成为一种契约，它基于私人权利的考虑；而黑格尔的普遍意志只能是人必须无条件认可和服从的神圣信念。①

黑格尔以他的客观唯心主义立场来对抗他所认为的卢梭把国家建立在个体意志之上的主观主义。黑格尔的观点堵死了这条人民用自己的自由意志改善国家的道路，在他看来，改善国家不是人民的事，而是神的事。黑格尔希冀中世纪的等级制度，但是要具有现代立法权的意义；他希望建立现代的立法权，但是要披上中世纪等级制度的外衣。这一套非批判的神秘主义的做法也构成了黑格尔哲学，主要是他的法哲学和宗教哲学的秘密。因此在国家理论方面，就是对国家的神化而言，黑格尔不但落后于卢梭，甚至也落后于康德。

二　黑格尔对康德道德哲学的批判

康德的道德哲学为现实提供了高尚的道德理想，却陷入了空洞的形式主义，被黑格尔所批判，并且贯穿黑格尔哲学始终。黑格尔早期的手稿开始对康德的道德和宗教观进行反省，指出康德的义务

---

① 邓晓芒：《从黑格尔的一个误解看卢梭的"公意"》，《同济大学学报》2018 年第 2 期。

概念是一种空洞的普遍性。黑格尔后期着手建构自己的伦理国家哲学，意识到康德的物自体让主客二元对立，同样理性为自我立法的思想中也包含对立和分裂，并且主观压制着客观，这种矛盾导致的严重后果就是人自身的分离。因此，康德的自律性道德是非道德的。黑格尔的哲学任务就是消除二元对立，将主客重新统一在一起。黑格尔超越康德的关键首先是他将认识看作一个由知识和对象之间差别和矛盾推动的发展过程。

　　黑格尔对康德的批判更能帮助我们理解黑格尔，也能更好地理解卢梭与黑格尔的关系，他的哲学就是在批判卢梭和康德的过程中逐渐展开，破旧立新的。黑格尔辩证地分析了康德的一个定义"限制我的自由或任性，使它能够依据一种普遍规律而与任何一个人的任性并行不悖"①。黑格尔认为康德的这个定义既包含了否定的方面，也包含了肯定的方面：否定的方面是任性的限制，肯定的方面是普遍的规律。这个定义继承了卢梭的特殊意志和公共意志的观点，然而遭到了黑格尔的强烈批判，他认为这个原则缺乏思辨的思想，贬低了理性的普遍性，而是将其看作形式的普遍物。在黑格尔的《法哲学原理》中，他不仅批判了卢梭的政治哲学，同时也批判了康德的实践哲学。《法哲学原理》明确批判了康德的道德哲学"固执单纯的道德观点而不使之向伦理的概念过渡，这会把这种收获贬低为空虚的形式主义，把道德科学贬低为关于为义务而尽义务的修辞或演讲"②。黑格尔认为康德的自我立法作为最高的道德原则具有绝对性，无法与社会现实生活联系在一起，因此具有形式化、抽象性的特征，也就断绝了向社会伦理过渡的可能性。黑格尔克服康德道

---

　　①　［德］黑格尔：《法哲学原理》，范扬、张企泰译，商务印书馆1961年版，第142页。

　　②　［德］黑格尔：《法哲学原理》，范扬、张企泰译，商务印书馆1961年版，第157页。

德哲学的空洞的形式主义的方式为区分伦理和道德，使道德向伦理过渡，赋予道德以具体内涵，认为道德与社会行为是密不可分的。

黑格尔认为道德是自己规定自己的主观意志的法，是不具有必然性的，因此要将主观的道德提升到客观的伦理，实质上是想将康德的实践理性落实到现实中。伦理是对道德的克服，道德是从特殊的个别出发的，而伦理代表着整体是一种绝对，自由也是由之实现的。黑格尔用辩证法将康德的二元对立重新统一起来，他采取了彻底的唯心主义方式，将一切客体纳入理性的概念形式中，因此理性与现实具有同一性。所以理性可以为我们的行为提供道德指导。在黑格尔哲学中，概念的思维并不是纯思维，而是被思维所把握的事物的存在形式，是事物在矛盾运动中的自我展开的过程。同样，现象就是在本质之中的，认识了现象也就认识了事物的本质。在《法哲学原理》序言中，黑格尔曾明确说明"了解现在的东西和现实的东西而不是提供某种彼岸的东西"①，随即提出了马克思的"哲学是时代精神的精华"的原型那句名言："每个人都是他那时代的产儿。哲学也是这样，它是被把握在思想中的它的时代。"②

黑格尔对卢梭和康德的批判的理论效应最突出地表现为启发了马克思。马克思对现存事物的肯定理解同时包含否定的理解这一批判的革命的辩证法思想直接来源于黑格尔。洛维特在《从黑格尔到尼采》一书中曾指出：黑格尔的最重要的原则，即理性与现实同一的原则，也是马克思的原则。③ 这就是马克思的理论与实践的统一性原则。黑格尔以伦理替换了康德的道德，他认为伦理是现实的社会

---

① ［德］黑格尔：《法哲学原理》，范扬、张企泰译，商务印书馆1961年版，第3页。

② ［德］黑格尔：《法哲学原理》，范扬、张企泰译，商务印书馆1961年版，第5页。

③ ［德］卡尔·洛维特：《从黑格尔到尼采》，李秋零译，生活·读书·新知三联书店2006年版，第125页。

关系，进一步展示了自由与政治、经济和文化是密不可分的，并且只有在共同体之中，个人的自由才能真正得以实现。黑格尔将康德的主观道德过渡到客观的伦理深深影响了马克思对道德和自由的理解，马克思受黑格尔的影响将道德问题置于政治经济学的结构关系这一广阔的背景中，将对道德的批判转化为对资本主义社会伦理的批判，将理性纳入现实的关系问题上来。然而，也正是在如何将理性纳入现实的关系的具体方式上，马克思与黑格尔产生分歧，并最终决裂。

三　黑格尔法哲学的体系建构

黑格尔在批判卢梭和康德的同时也建构了自己的政治哲学，那就是黑格尔的法哲学。黑格尔在《法哲学原理》第三篇《伦理》关于家庭、市民社会和国家的关系的章节中表达了其政治哲学的重要主张。

在黑格尔的法哲学中，家庭是两性的结合，他们拥有共同的财产，共同养育子女，是自然的伦理实体。家庭成员中的每个个体没有独立性，没有独立财产，亦不能体现差别性。在家庭里，每个成员的特殊方面得到照顾，凭借擅长的才能和技术从普遍财富中获取所得，同时作为整体必须考虑到其成员没有工作能力时的所需。但是市民社会把个体从这种联系中揪出，使家庭成员相互之间变得生疏，并承认他们都是独立自主的人。① 黑格尔进一步进行逻辑的演进和概念的推理：随着家庭的解体，进入差别的阶段，进入市民社会。家庭的解体，意味着伦理精神的解体，而家庭解体的同时市民社会也正在产生和发展，市民社会是现代社会的产物，黑格尔认为这是理念的一切规定各得其所。黑格尔在《法哲学原理》中着重论述了

---

① 　[德]黑格尔：《法哲学原理》，范扬、张企泰译，商务印书馆 1961 年版，第 5 页。

家庭、市民社会和国家的关系，他强调家庭是自然形成的并且具有统一性的伦理精神，而市民社会出现后伦理精神随之解体，由此统一性过渡到了差别性，而国家作为最高的伦理实体回到了统一性。市民社会是以自己的私利为目的，而国家是具有普遍性的，所以伦理精神是不可能在市民社会中实现的，法必然要实现自身，只能在国家这个最高的伦理实体中实现。每个人通过国家使自己的权利成为现实的东西。黑格尔继承了卢梭对资产者的描绘，他认为市民社会中的人是自私自利的，他人成为特殊的个人达成目的的手段。黑格尔运用英国古典政治经济学来说明市民社会，他的市民社会其实是一个经济体系，继承了斯密的劳动与分工的理论，将分工看作近代社会的组织方式，论证了市民社会的相互依赖、密不可分的社会关系，指出市民社会与国家的关系就是经济与政治之间的关系。

黑格尔称赞了卢梭对国家理念的探索，指出卢梭的贡献在于他提出的国家原则，认为国家在形式上和内容上是思想，而且是思想本身，提出意志是国家的原则。① 黑格尔指出卢梭所说的意志仍然是单个人的特殊意志，认为卢梭所理解的公意只是意志中共同的部分，而不是意志中绝对合乎理性的东西。因此，卢梭的普遍意志是从单个人的意志中产生的，其"公意"等同于众意。在黑格尔看来，卢梭契约理论中单个人的结合成为国家就变成了一种契约，而契约是以单个人的任性、意见和随心表达的同意为基础的。同时，契约会产生绝对权威。黑格尔继续论证当卢梭的这些抽象理论变为现实，就会导致一些可怕的后果：在现实的国家中现成的东西被推翻后，再根据抽象思想设立各种国家制度，并作为理性事物的基础。又因为这都是缺乏理念的一些抽象的东西，所以它们把这一场尝试终于

---

① ［德］黑格尔：《法哲学原理》，范扬、张企泰译，商务印书馆1961年版，第290页。

搞成最可怕和最残酷的事变。① 按照黑格尔的理论，国家作为合乎理性的存在，不是纯粹的卢梭的公意，国家是不可能建立在共同的意志之上的。

黑格尔不仅批判卢梭的公意，还批判以公意为基础的契约论。他认为契约是个人的任性，它只能适用于市民社会领域，而不能应用于政治国家中。黑格尔进一步批判了卢梭的人民主权说，他将君权等同于主权，并主张君主立宪制。"人们近来一谈到人民的主权，通常都认为这种主权和君主的主权是对立的；这样把君主的主权和人民的主权对立起来是一种混乱思想，这种思想的基础就是关于人民的荒唐的观念。如果没有自己的君主，没有那种正是同君主必然而直接地联系着的整体的划分，人民就是一群无定形的东西，他们不再是一个国家，不再具有只存在于内部定形的整体中的任何一个规定，就是说，没有主权，没有政府，没有法庭、没有官府，没有等级，什么都没有。"② 因为在人民中出现了这种同组织和国家生活相关联的要素，所以这种人民不再是在最一般的观念上叫作人民的那种没有规定性的抽象。③ 马克思对此进行坚决反对，指出人民主权原则是现代国家的基础，在《黑格尔法哲学批判》中反驳：主权一旦被人格化为君主的意志，就成了毫无规定的任意性这顶空洞的皇冠。所有的存在根据、所有的政治意识，都被变成取决于一个经验个体的任意意志。理性具有的唯一内容就只是"朕意如此"这个抽象。朕即国家。④

---

① ［德］黑格尔：《法哲学原理》，范扬、张企泰译，商务印书馆 1961 年版，第 290 页。

② ［德］黑格尔：《法哲学原理》，范扬、张企泰译，商务印书馆 1961 年版，第 340 页。

③ ［德］黑格尔：《法哲学原理》，范扬、张企泰译，商务印书馆 1961 年版，第 340 页。

④ 《马克思恩格斯全集》（第 3 卷），人民出版社 2002 年版，第 35 页。

马克思接受了卢梭、黑格尔将市民社会和国家二分的观点和所有权的概念，颠倒了黑格尔关于市民社会和国家的关系，批判了以意志关系为基础的社会契约论和以黑格尔意志论为基础的有机国家论，将市民社会看作社会物质关系的总和决定着国家，这是他迈向历史唯物主义的第一步。

本章小结

追求普遍性原则是卢梭、康德、黑格尔政治哲学的共同目标，但是他们的诉求方式有所不同，卢梭寄托于公意，在康德那里转化为善良意志，黑格尔批判了二者提出普遍意志。"公意"概念是康德和黑格尔作为从卢梭到马克思的中间环节，从卢梭政治哲学中继承并发展了的核心思想，影响了马克思对卢梭理论的态度转变，起到重要思想承接性作用。康德回应了卢梭对现代性的批判，为启蒙和文化的普遍性正名，受卢梭影响从对理性知识的研究转向对人性的讨论，以卢梭的公意思想为出发点建设自己的道德的形而上学，最终形成一整套伦理体系，到了晚年又转到具体事务的政治上来。黑格尔批判了契约论国家观，特别分析了卢梭的公意概念，认为公意在卢梭那里等于众意，应该为法国大革命的恐怖负责，论证了自己的理念国家观。德国古典哲学中康德、黑格尔理论都有较大的卢梭因素，直接或间接地对马克思的思想形成产生影响。

卢梭开始主张将政治建立在公意和普遍性的基础上，恢复了近代以来被遗忘了的道德政治。卢梭之后，康德、黑格尔以及马克思都继续沿着卢梭的道德政治之路前行，并将道德政治发展成一个完整的思想体系。康德的主要贡献是为卢梭的"道德政治"做出先验的阐明。康德发展了卢梭的社会契约论，为卢梭的道德政治增加了先验的基础，启发了康德开始进行伦理学的研究，并提出了道德律令；黑格尔对康德的道德的形式原则进行批判，从道德过渡到伦理，批判了卢梭的契约、人民主权说、公意思想，建构了自己的理念国家观。康德的道德哲学为现实提供了高尚的道德理想，却陷入了空洞的形式主义，被黑格尔所批判，并且贯穿黑格尔哲学始终。在黑格尔早期的手稿中开始对康德的道德和宗教观进行反省，指出康德的义务概念是一种空的普遍性。黑格尔后期着手建构自己的伦理国家哲学时，意识到康德的物自体让主客二元对立，同样理性为自我立法的思想中也包含对立和分裂，并且主观压制着客观，这种矛盾导致的严重后果就是人自身的分离。因此，康德的自律性道德是非道德的。黑格尔的哲学任务就是消除二元对立，将主客重新统一在一起。黑格尔超越康德的关键首先是他将认识看作一个由知识和对象之间差别和矛盾推动的发展过程。

黑格尔认为道德是自己规定自己的主观意志的法，是不具有必然性的，因此要将主观的道德提升到客观的伦理，实质上是想将康德的实践理性落实到现实中。伦理是对道德的克服，道德是从特殊的个别出发的，而伦理代表着整体是一种绝对，自由也是由之实现的。黑格尔用辩证法将康德的二元对立重新统一起来，他采取了彻底的唯心主义方式，将一切客体纳入理性的概念形式中，因此理性与现实具有同一性。所以理性可以为我们的行为提供道德指导。

在黑格尔去世之后诞生了青年黑格尔派，马克思曾是青年黑格尔派的成员，受到黑格尔及青年黑格尔派成员很大的影响。马克思从黑格尔的追随者到反思黑格尔的自我意识哲学，再到对黑格尔理性主义进行彻底的批判，在这个过程中，马克思利用了卢梭的政治哲学理论重新对黑格尔审视，同时也通过黑格尔更加了解卢梭，逐步走向唯物史观。黑格尔不仅批判卢梭的公意，还加之以公意为基础的契约论。他认为契约是个人的任性，它只能适用于市民社会领域，而不能应用于政治国家中。黑格尔进一步批判了卢梭的人民主权说,他将君权等同于主权,并主张君主立宪制。费尔巴哈是青年黑格尔派的重要人物,在马克思批判黑格尔转向唯物主义的过程中起到了重要作用,因其"谈政治太少",没有过多阐释。

卢梭和马克思的思想关系研究必须考察如何从卢梭经过康德和黑格尔对其的批判和发展,因此马克思面对的不仅仅是卢梭自身的理论资源,还包括经过康德和黑格尔评价之后的卢梭思想理论综合体系,康德和黑格尔是马克思理解卢梭的重要坐标。马克思受黑格尔的影响将道德问题置于政治经济学的结构关系这一广阔的背景中,将对道德的批判转化为对资本主义社会伦理的批判,将理性纳入现实的关系问题上来。黑格尔对卢梭和康德的批判的理论效应最突出地表现为启发了马克思。马克思对现存事物的肯定理解中同时包含否定的理解这一批判的革命的辩证法思想直接来源于黑格尔。然而,也正是在思考如何将理性纳入现实的关系的具体方式上,马克思与黑格尔产生分歧,并最终决裂。接下来一章将详细介绍马克思在康德、黑格尔的影响下对卢梭态度的转变过程。

第三章　马克思对卢梭思想态度的
几次转变

卢梭的公意思想不仅引起了康德和黑格尔的重视，演变为康德的善良意志和黑格尔的普遍意志，进而延续到马克思这里，变成物质利益。马克思以物质利益为起点，开始建构自己的哲学体系。马克思一生都在关注着卢梭，他对卢梭的态度在其思想形成的过程中不断地发生改变，其思想转折的关键时期都离不开卢梭的影响，经历了从《克罗茨纳赫笔记》时期忠实的摘录，到《德法年鉴》时期的赞赏性批判，再到《1844 年经济学哲学手稿》时期的批判性改造，复到《德意志意识形态》时期的建构性吸收，最后在《资本论》中实现了全面的超越。

第一节　《德法年鉴》时期对卢梭的
有赞赏的批判

《德法年鉴》的两篇文章是对黑格尔国家和法哲学批判的延续，在这里马克思以费尔巴哈作为扬弃黑格尔哲学的中间环节，正是在这期间，马克思完成了两次转变：从唯心主义向唯物主义、从革命民主主义向共产主义的转变。在《黑格尔法哲学批判导言》中，马克思阐明了宗教的根源和本质，揭示了德国封建专制制度的社会基础和阶级特征，提出了推翻这一反动制度的战斗任务，论述了革命理论同革命实践相统一的思想，同时首次明确地阐述了无产阶级的历史使命。在《论犹太人问题》中，马克思论述了资产阶级政治革命的本质特征，揭示了资产阶级民主、自由和人权的历史局限性和虚伪性，强调了消灭私有制并对社会革命改造是实现人的解放的途径。马克思在这一时期利用其熟知的卢梭观点，为有关人和人的解放的问题、人的自由权利和平等的问题的论述服务。在《德法年鉴》两篇文章之前有一个重要阶段是《克罗茨纳赫笔记》时期，在这个阶段卢梭正式进入了马克思的视野。

在马克思一生的创作过程中，除了著作、手稿、书信等体裁外，还有 80 多册以笔记为形式的文本起着不可忽视的作用，阅读笔记是理解马克思著作的必要步骤。作为马克思思想转向的重要著作《论犹太人问题》和《〈黑格尔法哲学批判〉导言》前摘录的《克罗茨纳赫笔记》，在相当长的一段时间并未被世人所知晓，它的保存和发表更是经历了一番挫折。

一 《克罗茨纳赫笔记》文本考察

《克罗茨纳赫笔记》被马克思标记有明确的写作时间，为 1843 年 7 月和 1843 年 8 月。《克罗茨纳赫笔记》直接可以确定的有五册，共 255 页，其中包含 24 本著作和一些文章的摘要内容，这些著作涉及了 2500 年的各国社会政治历史和一些启蒙思想家的政治理论。在这几本笔记中，马克思又将其分类，第一、第三册为"历史—政治笔记"，第二册为"法国史笔记"，第四、第五册比较综合地摘录了以上两个方向的著作。

马克思、恩格斯生前并没有在著作和往来书信中提到过《克罗茨纳赫笔记》的存在，所以大家从没有在讨论马克思早期思想时提到和关注到笔记内容对其产生的影响。直到 1927 年梁赞诺夫的《马克思恩格斯全集》历史考证版（MEGA1）问世，才让《克罗茨纳赫笔记》得以公开亮相，受到世人瞩目。在《MEGA1 第 1 部分》（第 1 卷）（下）中，编者对笔记内容和主题只是简单做了介绍，其中包括第二笔记和第四笔记的主题索引，梁赞诺夫在导言中肯定了《克罗茨纳赫笔记》在马克思思想发展史中的重要地位："笔记体现了马克思创立历史唯物主义过程中的一个阶段。"① 俄国便优先掌握了《克罗茨纳赫笔记》的解释权，并首先将笔记的第二册中马克思对卢梭的《社会契约论》的摘录和第四册笔记中马克思对黑格尔的一段重要评论译为俄文，将其刊印在俄国主要的理论杂志上。此后，《克罗茨纳赫笔记》不仅在俄国的学术界被学者重视起来，也逐渐在世界范围内传播开来，完整版的笔记开始被人们所期待。

　　1981 年鲁勉采娃编写的新版历史考证版《马克思恩格斯全集》的第 4 部分第 2 卷，发表了 5 本《克罗茨纳赫笔记》，对于笔记研究来说这是具有开创意义的。在 MEGA2 的这一卷中包括了笔记产生的渊源、笔记涉及的著作名称，以及第二册和第四册的笔记主题索引，方便读者阅读的同时，给我们提供了了解马克思当时所关注问题的视角，利于了解对马克思摘录笔记的真实目的。与梁赞诺夫的观点一致，鲁勉采娃在为《克罗茨纳赫笔记》所做的序言中指出："克罗茨纳赫笔记的意义首先在于，它照亮了马克思走向唯物主义历史观的一段行程。"②

　　《克罗茨纳赫笔记》通过 MEGA1 进入了大家的视野，在 MEGA2 出版后，世人才全面地了解笔记的构成和内容。也正是因为《克罗茨纳赫笔记》的重要性，研究者们意识到笔记内容对马克思思想的重要意义，才使它没有在历史中一闪而过。

　　《克罗茨纳赫笔记》虽然标有马克思的顺序编号，但是并不是按

---

①　《MEGA1 第 1 部分》（第 1 卷）（下），柏林：马克思恩格斯出版社 1929 年版，第 26 页。

②　《MEGA1 第 4 部分》（第 2 卷），柏林：狄茨出版社 1981 年版，第 12 页。

照这个时间顺序来写的，从他自己在封面上标明的日期可以推测得知。这样的做法符合马克思的习惯，遇到了感兴趣或者能解决他疑虑问题的内容就会摘录到相对应的笔记本中，几本笔记同时展开写作。贯穿于整个《克罗茨纳赫笔记》的中心线索是关于人的解放问题，其中主要包括三个方面的问题：一是国家与法的起源问题，探求国家的本质及其建构的合理性；二是通过考察各国历史尤其是法国大革命史，马克思揭露了资本主义民主的虚伪性，看似保障人民利益的法律规定正是将其剥削制度合法化；三是对所有制及私有财产的论述，发现生产力的发展导致了私有制的产生，从而影响到政治和市民社会领域，使社会形态发生变化。

《克罗茨纳赫笔记》和马克思在之前笔记中做各种批注以及大量评论段落的现象大不相同，这个笔记几乎都是马克思客观的摘抄，很少发表自己的见解。张一兵教授把这种在历史事实面前没有积极在场的情况称为马克思在进入新的历史学研究时原有哲学理论话语的失语状态。究其原因是马克思当时正值思想理论目标没有定位、在向新世界观转变的特殊时期中，而面对大量的历史事实，他采取的是观望、学习的态度。马克思对于笔记中摘录的很多著作都是看了不止一遍的，然后再摘录，后又重新整理，编辑了主题索引。

从整体内容上看，笔记中关于政治理论和历史事实的摘录存在于每一个笔记本中，并没有做出特别明显的区分，但是对于法国史和法国大革命的历史处于笔记的中心位置。第一本笔记开篇就摘录了法国历史（三卷集），第二本和第四本笔记中含有"关于法国历史笔记"的标题，而且都占用了大量的篇幅。从时间上看，马克思摘录的内容包括从公元前2世纪到1830年7月这一整个时期，并且他还编制了一个有关法国历史和法国革命史文献的图书目录。除了法国历史是马克思着重关注的问题外，他还尤其注重对法国启蒙思想家的著作，在第二笔记中，马克思摘录了卢梭的《社会契约论》

和孟德斯鸠的《论法的精神》，他在笔记中的摘录是逐字逐句进行的，而且在每一段话的前面标出了在原文中的页码，可以看出马克思严谨认真的态度。除法国史外，在笔记中处于第二位的就是对英国史的摘录，时间是从公元 5 世纪到 19 世纪中叶英国的发展历史以及重大历史事件。除此之外，在第五笔记中还有对德国、美国、瑞典等国政治特征的摘录。

马克思在研究政治国家理论时摘录了卢梭的《社会契约论》（在本书中称其为《卢梭笔记》），在《克罗茨纳赫笔记》的第二笔记本第 24—27 页，占用笔记 17 又 1/4 页，共摘录 103 个文段。马克思特别关注法国大革命，按照傅勒的说法，马克思一生都在阅读关于法国大革命的著作。马克思对卢梭也抱有特殊的感情，在他的藏书中包括卢梭著作的所有版本，其中收藏的一版《社会契约论》的第二卷中，附有马克思大量的页边评注，但是与《克罗茨纳赫笔记》中所摘录的并不一致，可以推测，马克思在 1843 年做摘录笔记时使用的《社会契约论》与其藏书并非同一版本。①

在《社会契约论》中，卢梭论述了订立社会契约的必要性、社会契约制定的原则、公意和众意的区别、主权在民以及其先进的政治法律思想。卢梭的《社会契约论》分为四卷，其中对于第一、第二卷，马克思差不多每一页都有摘录，有的甚至是逐段摘抄。第三卷篇幅最多，一共十八章，前六章摘录较多，与前两卷类似，每页几乎都有摘抄，后面开始隔几页摘抄一段，第四卷只摘录两段。可以看出，马克思的摘录是有侧重点的，根据第二本笔记的主题索引可以看到，马克思对《社会契约论》感兴趣、想了解的主要包括财产、平等、自由、个人权利与社会权利、对外主权、普遍意志、立法权、奴隶制与自由、人民主权等问题。在《卢梭笔记》中，马克思没

---

① 姜海波：《马克思的"卢梭摘要"发微》，《马克思主义与现实》2022 年第 6 期。

有个人观点性的评论，只有几处德文的提示性的语句，例如在第一卷中"为了维护法律的优先地位，卢梭立了以下一些条件"，"在最后一句话后摘记了如下的一段引文"① 等这样的过渡性的话有七八处。

马克思虽然自己从未提及过《克罗茨纳赫笔记》的存在，但是在不久之后的《论犹太人问题》中，他把《卢梭笔记》中的一段话几乎逐字逐句地呈现在了《论犹太人问题》一书中，我们知道《论犹太人问题》的理论成果是人的解放，与政治解放相比，人的解放更为根本，人的解放的实质就是在市民社会中完成人的普遍性和特殊性的统一问题，而人类解放的主体的确立，是在《〈黑格尔法哲学批判〉导言》中做出的回答：无产阶级这个阶级是一个出身于市民社会但被排除在市民社会之外的阶级，具有政治普遍性的特征，可以担负人的解放的历史使命。

> 敢于为一国人民确立制度的人，可以说必须自己感到有能力改变人的本性，把每个本身是完善的、单独的整体的个体变成一个更大的整体的一部分——这个个体以一定的方式从这个整体获得自己的生命和存在，有能力用局部的道德存在代替肉体的独立存在。他必须去掉人自身固有的力量，才能赋予人一种异己的、非由别人协助便不能使用的力量。②

从这句摘录中，可以看出马克思对卢梭《社会契约论》的主要兴趣点是国家的起源和发展的问题，摘录的重点与黑格尔《法哲学原理》"国家章"存在广泛的交叉重合③。尤其是对人民主权概念的

---

① 《MEGA1 第 4 部分》（第 2 卷），柏林：狄茨出版社 1981 年版，第 96 页。
② 《MEGA2 第 4 部分》（第 2 卷），柏林：狄茨出版社 1981 年版，第 96 页。
③ 姜海波：《马克思的"卢梭摘要"发微》，《马克思主义与现实》2022 年第 6 期。

理解、法律的制定、个体与共同体的关系、异化思想等方面，卢梭的启示性作用显露无遗。

《克罗茨纳赫笔记》是一个整体性的笔记，各个笔记以及笔记中各个著作之间也是有着连续性的统一体，必须将《卢梭笔记》放置在全部笔记的理论背景中加以审视。从《克罗茨纳赫笔记》的整体内容来看，它是以法国大革命为线索，以欧洲各国历史事件为基础，加之政治和国家理论的摘录。而《卢梭笔记》虽然文字不多，但是对欧洲各国政治、军事、外交的综合性著作的摘录，也为法国大革命做了舆论准备和奠定了思想基础，是整个《克罗茨纳赫笔记》的重要组成部分。

卢梭的《社会契约论》摘录从原始社会、封建社会到资本主义社会的制度，可以看作其他历史笔记摘录的历史事件的普遍形式和一般总结。《社会契约论》中关于论主权、论立法、论民主等的摘录是其他笔记关于国家政治理论的最权威的认识，这个从第二本《克罗茨纳赫笔记》的主题索引中的每个主题后的著作大写字母出现的频率可以看出，R.（卢梭）出现的次数是最多的，大部分的主题都和卢梭有关。法国大革命是《克罗茨纳赫笔记》的重要内容之一，而《卢梭笔记》正是帮助马克思对法国大革命线索进行理解和思考、其他关于法国大革命笔记的先行思想基础。由此可以看出，《卢梭笔记》在《克罗茨纳赫笔记》中的重要地位以及卢梭思想对马克思思想的巨大影响。

所有对《克罗茨纳赫笔记》的研究都表明，笔记是青年马克思思想转变的重要来源，为马克思唯物史观的形成起到了不可忽视的作用。MEGA2 此卷的编辑鲁勉采娃认为《克罗茨纳赫笔记》对马克思转向唯物主义和共产主义起到了过渡性的关键作用，为马克思的历史唯物主义奠定了基础。

二 《社会契约论》对青年马克思的影响

马克思通过在《莱茵报》期间接触到的现实问题结合《克罗茨纳赫笔记》中的历史实证材料，开始反思黑格尔的理性国家观，直接反映在《黑格尔法哲学批判》的写作过程中，导致了其前后思想的断裂，得出市民社会决定国家的理论。德拉-沃尔佩在《卢梭和马克思》中指出："《黑格尔法哲学批判》是一部自始至终渗透着典型的卢梭人民主权思想的著作。"① 这种说法虽然有点夸大了卢梭的影响，但是足以看出卢梭因素在《黑格尔法哲学批判》中的分量。其实，不仅仅是人民主权说，马克思还坚定了国家与政府、市民与公民的二分。其中，公民与市民的二分是卢梭直指现代性的问题，对资本主义的预知性批判揭示了物质生活与公共政治的矛盾，根本原因在于财产关系的所有权问题。在《社会契约论》中，卢梭不止于道德和政治的批判，更是将历史的发展归根于经济关系之中。马克思也遇到了物质利益的难事，开始思考物质利益占上风的事实。马克思正是透过卢梭的眼睛去看黑格尔的《法哲学原理》，运用卢梭思想的合理之处批判黑格尔逻辑颠倒了的国家哲学，经过黑格尔进而深入市民社会之中，通过政治经济学批判寻找市民社会和国家的统一路径。马克思在《黑格尔法哲学批判》中，批判了黑格尔的君主主权论和理念国家观，同时称赞了卢梭的人民主权学说，提出"只有人民才是具体的东西"；"那集中于君主身上主权难道不是一种幻想吗？不是君主的主权，就是人民的主权"。他认为国家的权力应该属于人民，马克思的民主观点与卢梭是一脉相承的，但是并不是卢梭所预设的在市民社会与国家相分离基础上的直接民主制，而是在卢梭的基础上提出了真正的民主制。在马克思看来普选制是实现民

---

① ［意］德拉-沃尔佩：《卢梭和马克思》，赵培杰译，重庆出版社 1993年版，第 136 页。

主的真正途径，可以克服普遍与特殊的矛盾，实现普遍与特殊的统一。马克思进一步指出："选举的性质并不取决于这个名称，而是取决于经济基础，取决于选民间的经济联系。"至此，马克思发现并解决了卢梭实现公共善制度的问题和困境，指出卢梭将民主的实现限制于国家的大小、人口的多寡、财产的差距、文化的性质等条件下是不能从根本上解决问题的；其从根本上取决于国家的经济基础。马克思在对黑格尔行政权的批判中，继承了卢梭的国家和政府二分的观点，指出官僚政治和国家不是一回事，官僚等级的利益不过是私人利益，黑格尔所期待的普遍等级在国家中所要求的也不过是他们的特殊利益。因此，黑格尔试图将官僚等级作为普遍等级弥合市民社会和国家的分裂是不可能实现的。

在《法哲学批判》中，马克思在批判黑格尔的过程中同时也复归了被黑格尔所淡化的卢梭思想中的精华部分，克服了卢梭理论中所存困境，展现了现代政治哲学的核心问题。然而，《法哲学批判》仅仅是马克思关于市民社会与国家关系的批判的开始，对于卢梭所开启的问题域，在《批判》之后，马克思衍生和发展出《德法年鉴》时期的《论犹太人问题》中人类解放和政治解放的关系；以及《〈黑格尔法哲学批判〉导言》中对无产阶级历史使命的论述。马克思在《论犹太人问题》中运用了卢梭的"个别意志"和"共同意志"的辩证统一的逻辑思维结构，并加以改造，提出了个体性与普遍性的关系，借鉴了卢梭分析问题的方式，以此论证人类解放的重大意义。

在《克罗茨纳赫笔记》中，最为重要的、具有启示性的是《卢梭笔记》，也就是《社会契约论》，它直接导致马克思的思想发生了巨大的转变，这是政治历史研究的直接成果。在经济思想上，马克思摒弃了以往对国民经济学不屑一顾的态度，开始了对经济关系的关注。在第二笔记中，"所有制及其后果"这一条索引后的括号中有很多 R.，可以看出马克思主要是通过《卢梭笔记》研究的"所有制"思想。在政治思想上，马克思继承了卢梭的人民主权说，在立法思想、自由平等观等方面也多受启示，认识到了无产阶级这个具有巨大物质力量的阶级。在哲学上，虽然卢梭的思想具有资产阶级唯心主义的性质，但是他的异化理论、辩证法思想给予马克思以极大的启发。

三 关于抽象的人和人权的批判

在《德法年鉴》时期，马克思批判了卢梭抽象的政治人的概念，对人的认识从抽象转向具体。卢梭最早区分了具有政治属性的公民概念和以私利为目的的市民概念，而卢梭更看重的是人的公民身份，认为市民是应该被取代的消极的身份。黑格尔认同卢梭的公民和市民二分观点，他的法哲学也是以此为前提的；马克思也认同现实中市民社会和政治共同体的分裂，关注现实生活的人，探讨人的本质和自由平等问题。马克思采用从费尔巴哈那里获取的类本质的概念，将其运用于对人的社会生活的分析。早在《黑格尔法哲学批判》中，马克思就表达了作为市民社会成员只是人的外在的、非本质的规定性，作为公民才能体现人的内在的本质规定性。在《〈黑格尔法哲学批判〉导言》中，马克思指出"人是人的最高本质"；在《论犹太人问题》中，马克思重申市民社会成员的自私本质，并指出了政治解放的局限性，号召将人的世界及各种关系回归于人自身，人占有自己的全部本质，才能实现人的解放。

在《论犹太人问题》中，马克思在论述宗教解放、政治解放和人类解放关系的过程中，批判了人权，将人权和公民权做出区分，指出人权是作为市民社会的成员的自私自利的权利，不是建立在人与人相结合基础上，而是同其他人并同共同体分离开来的人的权利。马克思接下来提到了 1793 年《宪法》，《宪法》规定了人权包括平等、自由、安全和财产。而自由是"做任何不损害他人的事情的权利"，沃尔佩称其为1793年《宪法》中最彻底的卢梭主义的条款。

马克思批判了这种自由权利，认为这是人作为自我封闭的单子的自由，私有财产就是自由的实际应用。马克思进而批判了私有财产，认为这一权利是一种自私自利的权利，它构成了市民社会的基础，将人与人隔离开来，将其他人当成是对自我自由实现的限制。除自由外，马克思认为平等和安全也是重要的权利，而平等无非就是自由的平等，安全是市民社会的最高社会概念。马克思认为所谓的这些人权都是作为市民社会成员的市民的权利，是脱离共同体的个人的私利，是受自身独立性的限制的，不能反映类生活本身的需要。在市民生活中，人们过着与类本质相对立的生活，然而人本来应该作为社会存在物，在《人权宣言》中却被贬低到单个存在物，将人不是看作公民而是看作市民社会的成员。令马克思感到困惑的是，这一个刚解放自己的民族竟然宣布同共同体分开的利己的人是有权利的，其解放的目的也仅仅是市民社会生活，而政治生活也仅仅成了一种手段。

马克思对市民社会的有产者即经济人进行了强烈的批判，他称这种人不过是一个缩小的人，进而指出资产阶级所谓的平等是建立在私有财产基础上的平等，是抽象的平等。如果不考虑每个人的具体职业、等级、财产、文化程度等方面的差别，而宣扬人人平等，就不是真正意义上的平等。这种平等主义思想也是受卢梭所启发的，马克思提倡的是有差别的平等。因为每个人都存在职业、等级、财产、文化程度等方面的差别，而国家的存在也正是以这些差别和不平等为前提的。在政治国家中，人的需要和利益是自身发展的基础，市民社会中的个体关系通过法律表现出来，法律维护的是私人的利益。

马克思进一步指出，市民社会的成员是非政治的人，表现为拥有自然权利的自然人，是被承认的现实的人。而政治人只是抽象的、人为的人，政治解放只不过是作为抽象的人实现了人权的平等。接下来马克思引用了《社会契约论》的一段原话，这段话也被摘录到《克罗茨纳赫笔记》中来。

可见卢梭关于政治人这一抽象概念论述得很对：

> 敢于为一国人民确立制度的人，可以说必须自己感到有能力改变人的本性，把每个本身是完善的、单独的、整体的个体变成一个更大的整体的一部分——这个个体以一定的方式从这个整体获得自己的生命和存在——，有能力用局部的道德存在代替肉体的独立存在。他必须去掉人自身固有的力量，才能赋予人一种异己的、非由别人协助便不能使用的力量。(《社会契约论》1782年伦敦版第2卷，第67页)①

马克思认为"人自身的固有的力量"是社会理论，只有当人认识到这一点的时候，并把这种力量组织起来，不再把社会力量以政治力量的形式同自身分离，才能实现人类解放。

四　关于政治解放和人类解放的关系

马克思的宗教批判思想是他早期政治哲学的重要内容，宗教批判有着深刻的时代和理论背景。16世纪基督教进行宗教改革运动，激发了基督教内在的矛盾。马丁·路德作为宗教改革的核心人物，打破了传统天主教的界限，主张每一个基督徒在上帝面前都有同样的权利，推翻教皇的专制统治，促进了个人和国家的发展。此外，文艺复兴和启蒙运动的兴起，高扬了人的尊严和价值，更加需要对宗教进行改革和批判。青年黑格尔派的宗教批判是马克思宗教批判的重要理论背景，施特劳斯的《耶稣传》和鲍威尔的《犹太人问

---

① 《马克思恩格斯文集》（第1卷），人民出版社2009年版，第46页。

题》的发表以及费尔巴哈的人本主义的宗教批判，掀起了德国宗教批判的浪潮，马克思在《德法年鉴》的两篇文章中都对宗教进行了分析和批判，他不仅仅限于宗教的批判，而且还对政治国家展开批判，指出政治解放的局限和人类解放的最终目标。

卢梭在《社会契约论》中构想的社会制度的建立也是政治解放的一种途径，主张用民主政体代替专制国家制度，通过公意达成契约，通过道德教育完善人格，从而建立起自由平等的民主共和国，实现政治解放。卢梭的政治解放是马克思所批判的资产阶级立场的部分人的解放，并且带有道德乌托邦色彩。马克思在《论犹太人问题》中指出政治解放的实质是市民的解放，即资产阶级的革命，推翻的是专制权力和制度，实现的只是一部分人的解放。

马克思在《德法年鉴》时期已经放弃了自我意志的抽象的人，提出"人不是抽象的蛰居于世界之外的存在物。人就是人的世界，就是国家，社会"①。人是有着自身的欲望和需求的，正是这些私人利益把人们联系在一起，这就是市民生活，犹太人所过的生活就是市民生活的缩影。因此，犹太人的利己本质不是源于宗教，而是现实的社会生活，并不能如鲍威尔所说的通过放弃宗教来实现政治解放，政治解放是一个过渡阶段，通过对政治解放的批判达到对犹太人问题的最终批判的目的。犹太人要想真正获得解放，只有通过全人类的解放。

马克思指出政治解放也有一定的进步意义。一方面，政治解放的国家可以摆脱宗教的束缚，实现政教分离的目的，信仰宗教不再是政治层面的事，人们可以信仰自由；另一方面，政治解放使人们从封建等级压迫的专制制度中解放出来，建立了资产阶级的民主政治制度，实现了法律上的自由和平等，促进了社会的发展和进步。同时，马克思也深刻地认识到政治解放的局限性。政治解放后人们

---

① 《马克思恩格斯文集》（第 1 卷），人民出版社 2009 年版，第 3 页。

获得了法律的自由，但是现实中人们依旧不平等，资本主义制度下人们受到私有财产的限制贫富差距扩大，通过政治解放实现的是资产阶级的专政，资产阶级由于自身的狭隘自私、短视而存在诸多矛盾，作为统治阶级的资产阶级必定会从自己的立场出发压迫人数众多的无产阶级。无产阶级并非市民社会阶级的市民社会阶级，这个阶级并没有享受市民的权利，而是一个因自身遭受着普遍苦难而具有普遍性质的领域，政治解放并没有给他们带来自由和民主，留给这个等级的仍然是被剥削和压迫，他们也从来不要求享有任何的特殊权利。因此，马克思认为只有一无所有的无产阶级能够承担解放全人类的使命。无产阶级要求否定私有财产，消除社会中的被异化的各种关系，消除人的异化，无产阶级可以被当作解放人类的物质武器，他的性质决定了只有无产阶级才能解放人类。

德拉-沃尔佩在《卢梭和马克思》中指出，《论犹太人问题》的深刻的平等主义精神是受卢梭所启发的，卢梭的平等主义的自由思想是马克思科学社会主义理论的来源。根据列宁的论述，平等主义的自由就是最严格意义上的无产阶级专制。马克思在《德法年鉴》时期论述的无产阶级专政的人类解放思想，标志着马克思从革命民主主义向共产主义的转向，而卢梭在这个转向的过程中起到了关键性的作用。

第二节 《1844年经济学哲学手稿》时期对卢梭
异化思想的批判性改造

马克思在《1844 年经济学哲学手稿》（以下简称《手稿》）中同卢梭一样对资本主义制度进行了道德维度的批判，并且在卢梭批判的基础上更进一步，深入国民经济学，分析了其前提的矛盾之处。马克思继承并改造了卢梭的异化理论，指出异化劳动中人的本真状态的丧失，给出了异化的四重规定性。马克思与卢梭同样批判私有财产，不同的是，马克思强调了扬弃私有财产的必要性，描绘了共产主义的蓝图。

一　对卢梭道德干预计划的批判性改造

卢梭早在《论政治经济学》中就批判了社会中的贫富差距的不平等现象："穷人的损失不像富人的损失那样容易弥补……每一个铜板有时候比第二个百万银元还难挣……"① 卢梭认识到了财产是不平等产生的根源，他主张通过道德的干预、公民的德性教育，使社会的风气变得淳朴。马克思在《手稿》中也开始了对资本主义制度的批判："工人生产的财富越多，他的生产的影响和规模越大，他就越贫穷。工人创造的商品越多，他就越变成廉价的商品。物的世界的增值同人的世界的贬值成正比。"② 马克思在《手稿》中，对国民政治经济学的前提进行了批判，揭示了国民经济学基本的二律背反，即劳动价值论和工资规律的矛盾，指出国民经济学的前提就是矛盾的。马克思还对国民政治经济学进行了道德批判，强烈谴责了资产阶级对劳动者的剥削和压迫，揭示了它维护资产阶级利益的本质，对广大劳动者深表同情和关怀，批判异化劳动、探索扬弃异化以实现人的自由自觉劳动的路径。

马克思在《手稿》笔记1中首先分析了在资本家和工人的斗争之中，胜利必定属于资本家的事实，资本和劳动的分离是工人艰难处境的原因。资本家享有土地和财产，资本是对劳动及其产品的支配权力，工人出卖自己的劳动所换取的工资远低于创造的价值和利润，工人依靠可怜的工资维持畜生般的生活状态。工人还可能出现

① ［法］卢梭：《卢梭全集》（第5卷），李平沤译，商务印书馆2012年版，第58页。

② 《马克思恩格斯文集》（第1卷），人民出版社2009年版，第156页。

供过于求的局面，那么一部分工人因数量过剩会沦为乞丐，勉强维持工作的工人的需求和生活取决于资本家的兴致。无论社会财富处于衰落状态还是增长趋势，对工人来说都是灾难：社会如果处于衰落状态，工人遭受的苦难是最大的；社会财富如果增长迅速，工人必定劳动过度，沦为机器和资本的奴隶。资本家对工人的剥削严重违背了资本主义社会的自由和平等精神。马克思认为国民经济学就是以社会的不幸为其目的，同时在政治和道德层面对资本主义展开批判。

马克思对资本主义批判延续了现代政治哲学的关键词，即财产、自由和权利，政治经济学的主题也是第一次出现在马克思思想的构成之中。他首先从国民经济学出发，对当下的资本主义经济关系进行深入剖析，指出以国民经济学为前提的劳动是有害的招致灾难的抽象的劳动①，是异化的劳动，而国民经济学掩盖了异化劳动的本质。马克思进而对劳动的对象化、外化和异化进行考察，他指出在国民经济的实际状况中，劳动的现实化就表现为工人的非现实化，对象化就表现为对象的丧失和被对象奴役，占有变为异化、外化。②工人所生产和创造的产品越多，属于他自身的东西就越少，就越会受到自己的产品也就是资本的统治。

马克思对现存世界有不满和批判，卢梭在其著作中也常有体现，在《爱弥儿》中，卢梭主张通过革命推翻现实的社会秩序："你想依赖现实的社会秩序，而不知道这个秩序是不可避免地遭到革命的。"③马克思和卢梭一样对当前的社会制度是非常失望的，主张用革命的手段来推翻旧社会，建立新的制度。卢梭重获德性的路径是建立道

---

① 《马克思恩格斯文集》（第 1 卷），人民出版社 2009 年版，第 123 页。
② 《马克思恩格斯文集》（第 1 卷），人民出版社 2009 年版，第 157 页。
③ ［法］卢梭：《卢梭全集》（第 5 卷），李平沤译，商务印书馆 2012 年版，第 127 页。

德共同体，而马克思则以古典政治经济学和德国古典哲学为理论背景，联系实际，总结历史发展规律，不是将革命寄托于改良道德这种意识形态方面的批判和建构，而是依靠无产阶级物质力量分析革命发生的条件和共产主义实现的方式。与马克思相比，卢梭的革命方案属于形而上学的理性主义计划，马克思则扎根于物质世界，以其唯物史观的视野超越了包括卢梭在内的唯灵论的资产阶级方法。

二　对卢梭异化思想的批判性改造

卢梭在《论不平等》中大加称赞了人类的自然状态，在自然状态中人们是自由平等地独立生活，自给自足，没有人比其他人的地位高，人们除了满足自然需求外没有过多的需要和欲望，卢梭将其看作人类的黄金时代。由于人具有可完善性的特征，在应对复杂的自然环境下各种能力得到了发展，出现了家庭，生产工具的使用也拥有了富余的谷物，私有财产开始出现，人类随之进入了文明社会，但是人与人之间也不再平等，有了强弱贫富的差别，人与人之间矛盾加剧，招致灾难，跌落到邪恶和痛苦的深渊。人从自然状态进入文明状态，反而受到文明的制约和约束，失去了自由的本性和基本的自然权利，无往不在枷锁之中，在卢梭看来这是一种异化。虽然卢梭没有像马克思一样表达了异化的四重规定性，但是也描述了与马克思相似的异化状态：在社会状态下人们的需求和欲望日益增多，一部分强者剥削和压迫一些弱者，产生了主人和奴隶对立的阶层，人和人之间的关系相异化。无论是强者还是弱者、富人还是穷人，都被自己的欲望所充斥和束缚，失去的是以往的清心寡欲的自由状态，因此人自身也是处于异化状态之下的。卢梭指出因私有制的产生和发展，社会中人们有了贫富的分化和地位的高低，出现了人奴役人的制度，所以人们丧失了平等的权利和自由，处于被奴役的异化状态。卢梭进一步论述了随着文明社会的进一步发展，人性也必然异化，从而失去自由本性和个人权利。

在法文中"aliéne"一词一般用于财产的转让，而卢梭第一次将"异化"的概念用在政治和道德领域。卢梭提出："如果一个人可以转让自己的自由，使自己成为某个主人的奴隶，为什么全体人民就不能转让他们的自由，使自己成为某个国王的臣民呢？"[①] 卢梭指出自由是可以转让的，但是如果在君主专制制度下，人们处于被压迫和奴役的状态之下，那么人是异化的。卢梭是异化思想的开创者，虽然他的异化思想还处于萌芽的状态之中，但他开始意识到了社会发展过程中人的不能摆脱各种枷锁的现状，卢梭的解决办法是将个人的权力全部转让，将异化彻底化，通过道德和政治联结在一起建立道德共同体。卢梭的"转让"同黑格尔和马克思的"外化"或"让渡"属于同源词汇，表现出三者在理论上的历史继承性。[②] 马克思深入分析了卢梭异化理论的现实性，具体到资本主义社会中考察工人劳动的异化，吸收了黑格尔的辩证法思想，从而克服了卢梭的异化难题。

马克思在《1844年经济学哲学手稿》中揭示了国民经济学的内在矛盾，指出了以国民经济学为前提的劳动是有害的招致灾难的劳动，是抽象的劳动，后来进一步用异化的劳动加以表述，给出了异化劳动的四个规定性。首先，劳动者在生产产品的过程中消耗的力量越多，他亲手创造出来反对自身的、异己的对象世界的力量就越强大，他自身、他的内部世界就越贫乏，归他所有的东西就越少。其次，在生产产品的过程中，并不是劳动者主动的活动，而是受动的异己的活动关系。再次，因为人的生产对象在劳动的过程中被剥

---

① ［法］卢梭：《卢梭全集》（第4卷），李平沤译，商务印书馆2012年版，第34页。

② 姜海波：《马克思的"卢梭摘要"发微》，《马克思主义与现实》2022年第6期。

夺了，人的类生活也就被随之夺去。最后，人与人的关系通过物与物的关系体现出来，也就导致了人与人之间的异化。

马克思受到卢梭异化观的很大启发，和卢梭的异化思想有很多相似的地方，但是二人在异化产生的原因、具体内容和解决办法有着根本的区别。卢梭的异化是以假设的自然状态为理论前提，将人的异化归结于人类自我完善的特性和私有制出现的偶然因素，在文明社会中受到制约，表现为异己性。马克思批判了卢梭自然状态中的人，他认为人是具有社会关系的动物，不可能孤立生活在社会之外。马克思以唯物史观为理论基础，将人看作现实的从事劳动生产的社会人，他将卢梭的人的自我完善的特性归因于人的劳动实践能力，对资本主义中的人和劳动进行深刻思考，对历史之谜做出解答：他认为首先人具有需要的本性，开始进行生产，满足需求，当基本需要满足之后又进行扩大再生产，在这个过程中就产生了分工，分工导致了丧失了人本真的异化劳动，然后出现私有制，接下来继续生产……历史就是这样的进化过程。沃尔佩认为马克思在继承了卢梭的自由平等思想的基础上，提出了革命的主张实现克服异化的途径。卢梭仍然以抽象的政治人作为出发点，将社会看成契约关系，希望实现的也是法律的平等和政治的平等；马克思则以现实中从事物质生产的人为前提，希望实现的是物质财产的平等和现实生活中的平等。

除卢梭之外，马克思的异化思想还批判地分析了斯密政治经济学所指出的国民经济学的矛盾，吸收黑格尔辩证法思想的精华及其精神异化论，借鉴了费尔巴哈感性的直观的唯物主义思想，最终马克思在科学的唯物史观的视域下得出的异化思想理论是对卢梭理性主义异化思想的重大超越。

三　对共产主义的哲学论证

卢梭以其公意及契约学说奠定了近代共同体思想的理论基础，

他的共同体思想被马克思批判地继承，然后以唯物史观的崭新视角阐述个人和社会的关系，马克思批判了卢梭的民主共和而转向了共产主义。卢梭遵循的是从个人到社会的发展路径，马克思摒弃了这种方式，从异化劳动的对立面推演出人的自由自觉的劳动，这就是共产主义的自主劳动，并将人看作社会关系的综合，最终以自由人的联合体的共产主义代替了卢梭的共同体。

马克思在《手稿》中专门写下"私有财产和共产主义"的段落分析私有财产、异化和共产主义的关系。马克思指出，最初共产主义被认为是被扬弃了的私有财产的积极表现，起先它是作为普遍的私有财产出现的。[①] 马克思区分了三种形式的共产主义：第一种是共产主义的最初形态，它是指私有财产的普遍化、平均化和完成。马克思对这种粗陋的共产主义的态度是批判的，他认为粗陋的共产主义是嫉妒的表现，是对文明的否定，是私有财产的卑鄙的表现形式，它甚至都没有达到私有财产的水平，特别是共妻制体现了人的无限退化。第二种是具有政治性质的尚未完成的共产主义。它仍然处于私有财产的影响下，受到私有财产的约束处于异化的状态，政治上表现为民主或专制的。第三种共产主义既不是经济的也不是政治的，而是社会性质的。马克思在这里对共产主义做出了哲学论证，他指出共产主义是对私有财产即人的自我异化的积极的扬弃[②]，是向人性的复归，从而占有人真正的本质，这种共产主义是完成了的自然主义和人道主义，它解决了人与人以及人与自然之间的矛盾，同时也解决了个体与类、自由与必然、存在与本质的斗争，解答了历史之谜。

马克思在对共产主义与私有财产的扬弃的论述中，提到人的感觉和特性的彻底解放，让一切感觉都成为人的感觉：眼睛成为人的

---

① 《马克思恩格斯文集》（第 1 卷），人民出版社 2009 年版，第 183 页。

② 《马克思恩格斯文集》（第 1 卷），人民出版社 2009 年版，第 185 页。

眼睛，正像眼睛的对象成为社会的、人的、由人并为了人创造出来的对象一样。① 马克思强调了人的感觉在实践中的重要性，这些感觉是可以确证人的本质力量的感觉，正是有了感觉的对象的存在，才产生了人化的自然界。卢梭曾经描述自然状态的美好时，指出的人单纯感受自己的存在，追求自己的安闲宁静就很幸福。马克思虽然强调生产和历史的发展，但是也很赞赏卢梭的存在感理论，他指出人的需要的有限性，对资本做出批判。马克思通过对感觉的分析指出人的本质的对象化是很有必要的。但是，资本主义社会中工业成了人的本质力量的公开的展示，自然科学改造着人的生活，一切在以异化的方式进行着，在这样的情况之下，人是异己的存在，工人遭受着异化劳动所带来的苦难。因此，要实现人的解放和复原，应该扬弃这种制度产生的根源——私有财产。

卢梭将私有制产生归结为冶金术和农业的发展，他虽然没有揭示出私有制的真正起源，但是已经意识到技术的发展与人类社会制度的变革息息相关，因此蕴藏着一定的历史唯物主义的因素。卢梭指出了私有制的发展让人类陷入了不平等的深渊，对异己的文明做出批判，并没有看到私有制的积极作用，因此没有揭示国家起源的真正动因，陷入了历史唯心主义之中，卢梭的理论有着自身难以克服的矛盾和冲突。马克思揭示了劳动异化的四重规定性，指出扬弃异化和扬弃私有财产走的是同一条道路，在共产主义运动中，分工会被消除，劳动将转变为自由自觉的活动，不再是受动的而是自主的活动，这种活动会成为人全面自由发展的物质基础。通过共产主义运动，人们不仅在政治上获得解放，在道德上也将弘扬人的优秀品质，人的个性得到充分发展。马克思克服了卢梭的冲突和矛盾，从唯物主义的角度用物质力量消灭不平等，获得个人的自由，挣脱道德观念的束缚，将共产主义作为必然的形态和有效的原则，用现

---

①　《马克思恩格斯文集》（第 1 卷），人民出版社 2009 年版，第 190 页。

实的革命运动实现平等。

马克思在《手稿》中的共产主义理论、在《形态》中对历史唯物主义的详细阐发和在《资本论》对资本的批判中，继续发展和走向成熟，这也是对卢梭实现彻底性超越的过程。

第三节 《德意志意识形态》时期对卢梭建构性的吸收

马克思在《德意志意识形态》（以下简称《形态》）中拒绝了卢梭的抽象的个人，而是全面地考察了从事具体的物质生产的现实的人，作为历史唯物主义的出发点。马克思将卢梭隐约意识到的历史发展的技术原因进行科学阐释，论述了历史发展的五因素，并指出人的解放是社会关系中的历史活动。马克思批判了卢梭的共同体为虚假的共同体，不具有现实的可操作性，构想了自由人联合体作为理想的奋斗目标。

一 "现实的个人"的生成

卢梭认为凡是出自自然的都是好的，自然状态下的人是最完美的，是社会让人变坏了。卢梭在著作中分析了自然的人、社会的人、政治上的人，然而从来没有对从事物质生产劳动的现实的人进行阐发，因此卢梭所描述的人是脱离了实际生活的人，必定是抽象的。在《形态》中，马克思对现实的个人展开了全面的论述。马克思认为现实的个人首先是有血有肉的自然人，从事着日常的生产劳动，同时他又是历史中的人。全部人类历史的第一个前提无疑是有生命的个体的存在。[①] 马克思在《形态》中确立了历史性成立的根据是人化的自然界，并对物质存在论提出批判，指出世界不是物质世界，

---

① 《马克思恩格斯文集》（第 1 卷），人民出版社 2009 年版，第 519 页。

是人化的世界。

马克思强调现实的个人已有的和由他们创造出来的物质生活条件是人类历史的前提和条件，人在生产自己的生活资料之时就将自己和动物做出了区分。个人怎样表现自己的生命，他们自己就是怎样的。他们是什么样的，这同他们的生产是一致的——既和他们生产什么相一致，又和他们怎样生产相一致。① 个人的生产需要以人与人之间进行交往为前提，交往的形式反过来又是由生产决定的。马克思进一步论述了生产力决定了各民族之间的关系，随着生产力的进一步扩大，分工也随之发展，分工发展到的不同阶段就是所有制的不同表现形式。生产力不发达时，自然形成的分工的所有制形式就是部落所有制。随着私有制的发展，分工愈发发达，部落之间逐渐联合为一个城市，所有制形式为古代的公社所有制。第三种所有制形式是封建的或等级的所有制，是由于土地占有的等级结构和手工业的封建组织发展起来的封建时代的所有制。马克思总结了这三种所有制形式中现实的个人的物质生产的作用：一定的个人以一定的方式进行的物质生产活动，必然发生一定的社会关系和政治关系，产生一定的社会结构和国家。

马克思在《关于费尔巴哈的提纲》中提出，人的本质不是单个人所固有的抽象物，在其现实性上，它是一切社会关系的总和。② 马克思在《形态》中进一步解读和深化，他认为社会关系的含义是指许多个人的共同活动。这种共同活动方式与一定的生产方式相联系，马克思将其称为生产力，生产力的总和决定着社会状况。现实的人就是处于特定的生产力和生产关系发展阶段中的个人，同时人也是历史中的人。个人活动范围扩大，由个人组成的民族之间也在不断交往，随着生产方式的不断完善，各民族之间的分工也就随之消灭，

---

① 《马克思恩格斯文集》（第 1 卷），人民出版社 2009 年版，第 519 页。
② 《马克思恩格斯文集》（第 1 卷），人民出版社 2009 年版，第 505 页。

历史逐渐成为世界历史。马克思完全摒弃黑格尔的世界精神的历史，而是认为历史转变成世界历史的过程是物质的，是每一个过着吃、喝、穿的个人在实际生活中所表现的历史活动。

在历史的发展过程中，前一代的人传给后一代的人生产力、资源和环境；在世界市场中，不同地域的人互通有无，共享生产发展的结果。现实的个人一方面受惠于这些现成的物质基础，与此同时也受到这些现成的物质基础的制约，人们在此前提下进行生产活动和交往。马克思在《形态》中重申了资本主义制度下人的异化状态，现实的人受到资本的统治，劳动工具和产品作为异己的力量压迫人，由于社会的分工，人们只能成为单一的从事某种职业的工作者，由于世界市场的发展，无产阶级的处境更为艰难，生活日益贫困。马克思、恩格斯提出了要消除异化，实现现实的个人的解放。人的解放是在社会交往关系中进行的历史的活动，它需要生产力极度发达，社会矛盾极端尖锐，无产阶级与资产阶级彻底决裂，革命运动才能胜利。

"现实的个人"是马克思唯物史观的出发点，他将现实的个人，也就是从事着生产劳动的个人作为实践的主体，科学论证了主客体的关系。马克思有关"人"的学说经历了从抽象的人到具体的人，再到现实的人的发展过程，超越了黑格尔的意识主体性、费尔巴哈的人本主义以及卢梭的抽象的、孤立的个人，达到了人的自然性与社会性、历史性与现实性的统一。

二　历史的生成与社会关系的形成

马克思在论述现实的人的过程中提出了历史的生成与现实的生产关系的形成，它们都离不开人的生产和劳动，是人类历史发展的必然结果。人们以一定的方式进行生产活动的过程中，必然会发生一定的政治关系和社会关系，产生一定的社会结构和国家，从而形成历史。

马克思在《形态》中批判了费尔巴哈没有从社会关系中看待人，

仅仅将人当作感性的对象，却没有认识到人的感性的活动。费尔巴哈虽然是一个唯物主义者，但是历史不在他的视野之内；当费尔巴哈是一个唯物主义者的时候，历史在他的视野之外；当他去探讨历史的时候，他便不是一个唯物主义者。在他那里，唯物主义和历史的彼此完全脱离的。① 马克思则将人、社会关系和历史紧密地联系在一起，提出了历史发展的五个因素。第一个因素是满足人们基本需求的生产物质生活本身。在人们满足基本需要之后又产生新的需要，作为一个新的历史活动，是历史发展的第二个因素。与此同时，第三个因素是人们也在生产着另外一些人，就是繁殖后代。由父母子女组成的家庭是最简单、最原始的社会关系。第四个因素是生产关系的生产。在生命的生产中包括体现自然关系的生育和社会关系的劳动，其中社会关系就是人们的共同活动，而共同活动的方式就是生产力，它决定着社会的状况。第五个因素是意识和语言，它们因交往的需要而产生。在历史的发展过程中，人们不断地进行物质生产和交往，改变现实的同时也改变着自己的思维，因此不是意识决定生活，而是生活决定意识。② 马克思进一步指出人的解放是一种历史活动，它不会在思维中实现，而是在农业、工业、商业、交往状况等现实世界中使用现实的手段才能获得的解放。

在《形态》时期，马克思已经开始自觉地站在唯物史观立场，从人的现实的物质生产活动出发，将在一定的生产方式下产生的交往形式作为历史的基础。马克思指出这种唯物主义的历史观完全不同于从观念出发的唯心史观，它是从物质出发来阐释各种意识和观念。每一个阶段的历史就是物质实践发展的结果，一方面它继承了上一个历史时代的生产力和社会交往的总和；另一方面它也预先规定了下一个历史时代的物质生活条件。随着人们活动范围的不断扩

---

① 《马克思恩格斯文集》（第 1 卷），人民出版社 2009 年版，第 530 页。
② 《马克思恩格斯文集》（第 1 卷），人民出版社 2009 年版，第 525 页。

大，生活在各个地域的民族交往活动越来越频繁，历史逐渐转变为世界历史。生产力的发展成就了世界市场的繁荣，然而个人的活动也受到世界市场力量的支配，生产力变成了破坏的力量，让无产阶级陷入灾难之中。无产阶级的人数最多，却被排斥在社会之外，生活在水深火热之中，它需要同其他阶级进行斗争，无产阶级反抗现存世界的决心最强烈，具有最彻底的革命意识，这个意识就是共产主义的意识。仅仅有意识还是不够的，这种意识要在革命中才能实现，共产主义革命不同于以往的任何革命，它主张消灭劳动，消除旧的社会关系的束缚，重建新的社会。

卢梭在《论不平等》中也试图用技术和生产的发展原因来解释历史的进步和不平等的起源，但是由于时代和自身的限制并没有继续说明生产技术对社会关系的决定作用，而是归因于人的自我完善的能力。他从自然状态和人的本性入手去考察历史的本来面目，难免陷入唯心主义历史观之中。普列汉诺夫曾感叹卢梭从对唯心主义历史观感到不满的作家朝向历史唯物方向走了很大的几步。

三　自由人联合体的构想

卢梭有个以往的契约，以往的契约都是富人统治穷人的，不存在自由和平等。卢梭要推翻这种不平等的社会制度，主张建立符合公意的共同体。在《形态》中，马克思也用"共同体"这一名称来表达建立在普遍性基础之上的政治社会，称之为真正的共同体。马克思批判道，建立在个人利益与私有制基础之上的社会不可能成为真正的共同体，之前所谓的共同体只不过是统治阶级道德和利益的代名词。马克思继续深化了在《手稿》中所描绘的共产主义思想主张建立自由人联合体，实现人的真正的解放。

在《形态》中，马克思在论述分工的发展时提到单个人的利益和共同的利益之间存在矛盾之时，共同利益采取国家这种与实际的单个利益和全体利益相脱离的独立形式，同时采取虚幻的共同体的形式。① 在这种虚幻的共同体之中，必然存在代表不同利益的阶级，不同阶级之间进行着斗争，并且由一个阶级统治着其他一切的阶级。马克思进而强调了每一个阶级都想取得统治的权力，无产阶级也应该如此，然后将自己的利益变成普遍的利益，这是不得不做的事情。马克思在这里所运用的个人利益和共同利益的关系与卢梭的个别意志和公共意志具有很大的相似性。在虚假的共同体中的共同利益可能就是卢梭在《社会契约论》中所说的众意——只是一部分人的特殊利益。马克思和卢梭都想克服个人利益和共同利益之间的矛盾，追求一种普遍性，但是在资本主义的制度下，这种矛盾是不可克服的，结果只是采取了虚幻的形式。

马克思认为特殊利益和共同利益之间的矛盾在社会分工的情况下是没有办法消除的，分工让人的活动变成异己的力量，不是自愿地进行劳动，受分工制约，人们都在特定的领域活动，被迫从事自己的职业工作，社会活动被固定化。马克思生动地写道："他是一个猎人、渔夫或牧人，或者是一个批判的批判者，只要他不想失去生活资料，他就始终应该是这样的人。"② 分工提高了生产力水平，促使人们结合成一种共同的力量，这是一种自然形成的、不受人们所支配的力量，人们反倒被这种力量支配着意志和行为。马克思所追求的是占有自己全面本质的完整的人，人和人都没有特殊的活动范围，而是都可以在任何部门内发展，社会调节着整个生产，因而使我有可能随自己的兴趣今天干这事，明天干那事；上午打猎，下午捕鱼，晚饭后从事批判，这样就不会使我总是一个猎人、渔夫、牧人或批判者。③

---

① 《马克思恩格斯文集》（第1卷），人民出版社2009年版，第536页。
② 《马克思恩格斯文集》（第1卷），人民出版社2009年版，第537页。
③ 《马克思恩格斯文集》（第1卷），人民出版社2009年版，第537页。

在马克思看来，共产主义不是应当确立的制度，而是消灭现存状况的运动。这场运动具有经济的性质，它要推翻一切生产关系和交往关系的基础，消灭由于分工而使人的力量变为物的力量这一现象，然后重新驾驭这些物的力量，需要建立的是自由人的联合体来实现，因为只有在共同体中，人才能获得全面发展其才能的手段。以往的联合体的成员不是作为个人所参与的，而是作为阶级的成员处于共同体之中，马克思鲜明地指出过去的联合绝不像《社会契约论》中所描绘的那样是任意的，而只是关于这样一些条件的必然的联合。① 在虚假的共同体之中，被统治阶级所面对的是新的桎梏和枷锁，而真正的共同体则将考虑到每个人的自由和发展。

马克思与卢梭的共同体有很多相似的地方，卢梭也主张通过共同体的建立，人们能够实现个人的自由，但是他们建立共同体的途径和方式不同，卢梭通过契约和公意的方式虽然也具有革命性，但是在现实中不可操作，就像恩格斯所说的，结果只能表现为资产阶级的民主共和国，仍然是虚假共同体。马克思的自由人联合体的构想既是理想的目标又具有现实性，在这样的理想社会中，人们被尊重和理解，可以充分发挥自己的才能，不仅物质生活丰富，精神也得到很大满足，是值得我们为之奋斗的理想。

马克思在之后的《资本论》中，对现实的资本主义的剥削和压迫做出无情的批判，对自由人联合体的构想进行进一步规划，继续人类解放的伟大事业。

第四节 《资本论》时期对卢梭的超越和扬弃

《资本论》作为一部划时代的巨著，是马克思利用唯物史观的科学研究方法揭示了资本主义社会的产生、发展到灭亡的历史必然规

---

① 《马克思恩格斯文集》（第1卷），人民出版社2009年版，第574页。

律的伟大成果。在《资本论》中，马克思分析了资本主义社会的经济运动规律，得出资本主义必然被共产主义所取代的结论，为科学社会主义的诞生奠定了理论基础。

一　揭示商品经济中人存在的秘密

马克思在《政治经济学批判》中提出社会发展的"三形态"说，第一种形态是完全自发的人的依赖性，它产生于自然经济时期，人的生产能力水平较低，在狭窄的范围内和孤立的地点上发展；第二种形态是以物的依赖性为基础的人的独立性，在这种形态下人们有着多方面的需求进行物质的交换，是商品经济时期，马克思就生活在这样的社会形态之中；第三种形态是建立在产品经济基础上的人的全面发展，人们共同的社会能力成为社会财富这一基础的自由个性，是马克思所向往的也必然可实现的社会形态。每一种社会形态都与生产力的发展水平密切相关，决定着人的生存方式和存在样态。在这里，马克思认为人起初是相互依赖的群居动物，以血缘关系为纽带结合成原始家庭进行分工和交换，人们的关系受自然关系的制约，这与卢梭认为原始人的独立生活、不需要相互来往的存在方式是不一样的。

《资本论》所探讨的就是第二种社会形态中的人，即对物的依赖关系中的人，马克思进一步分析了在资本主义社会中，人的生产劳动和生存境遇，论证共产主义的实现的必然。资本主义生产方式下工人的异化劳动创造了财富也生产了贫困，剥削了工人的生命力，掠夺了工人全面发展的能力。商品经济渗透到了人生命和生活中的各个层面，产生了商品拜物教，人们更加依赖商品和资本。人的劳动力也作为资本主义社会生产关系中的一种特殊商品，马克思揭示了资本家利用剩余价值剥削劳动者的这一秘密。

马克思在《资本论》第一卷第三篇中讨论了劳动过程和价值的

增值过程，他指出劳动首先是人和自然之间的过程，是人以自身的活动来引起调整和控制人和自然之间的物质变换的过程。[①] 在劳动过程中，人通过借助劳动资料使劳动对象发生变化，劳动表现为生产劳动，劳动的产品是使用价值。工人出卖自己的劳动力在资本家的监督下进行劳动，劳动的产品不是工人的所有物而归资本家所有，资本家支付工人劳动力的价值。在这个工人劳动的过程中，资本家获得了产品的使用价值，在出卖商品时，资本家又收获了价值和剩余价值，实现了价值的增值。然而，剩余价值正是资本家对直接生产者剥削的结果。为了获取更多的剩余价值，资本家将生产者的工作日延长到自然日的界限之外、延长到夜间，日夜不停地榨取劳动者，甚至连儿童都不放过。工人虽然不断地进行反抗，坚持正常工作日的斗争，但是在资本主义制度下最终不得不屈服，人们只能"自由"地出卖劳动力，"平等"地受到剥削。

在资产阶级不断进行原始积累的同时，无产阶级日益贫困，工人的身体每况愈下，饱受饥饿和病痛，精神需求的权利更是全部被剥夺。在这种情况下，无产阶级更为迫切地要求革命和解放。马克思在《资本论》中呼吁作为社会化的人、联合起来的生产者，将合理地调节他们和自然之间的物质变换，把它置于他们的共同控制之下，而不让它作为一种盲目的力量来统治自己；靠消耗最小的力量，在最无愧于和最适合于他们的人类本性的条件下来进行这种物质变换。自由王国的实现正是以此为依据，只有缩短劳动的时间，才能有更多的自由时间。马克思提出了从必然王国到自由王国的过渡，这两个王国可以看作两个不同的实践活动领域。人们需要进行物质劳动，进行谋生性质的生产实践，然后当物质丰富、满足人们需求，人们有了更多自由的时间进行自由的劳动。

马克思期待人在自由王国中的生活前景：人们可以进行创造性

[①] 《马克思恩格斯文集》（第 1 卷），人民出版社 2009 年版，第 208 页。

劳动，人的尊严和价值得以尊重和实现，人的自由个性也因为有可以自主支配的时间而得到发挥。在自由王国中，人们可以最大限度地满足个人的物质需要和精神需求。

马克思憧憬的个性全面发展的自由人也是卢梭所期盼的，但是卢梭并没有将人的自由的实现与物质生产结合在一起，只是通过制度的设计无法从根本上实现人的自由，马克思找到了卢梭未竟的自由困境的出路。

二　对资本主义生产方式的批判

《资本论》的副标题就是"政治经济学批判"，在文中马克思考察了资本主义的生产方式，揭示了资本家剥削工人剩余价值的秘密以及无产阶级的贫苦不堪的现状，并说明劳动与资本的分离是造成这种状况的直接原因。"资本"作为关键词贯穿着《资本论》的始终，马克思从第一卷就以资本的生产过程作为第一册的标题，分析了商品的使用价值和价值、劳动的二重性以及资本的生产过程中包含的各方面的关系，揭示了资本主义社会中经济的运行规律和资本主义的自我否定的本质特征，以及走向共产主义的历史必然。

马克思从商品入手，指出它同时具有满足人们需要的使用价值和与别人交换的价值的两种功能。劳动具有具体劳动和抽象劳动的二重性决定了商品的二重因素，其中具体劳动生产的是商品的使用价值，抽象劳动则生产的是商品的价值。然后，商品在生产和交换的过程中产生了货币，货币又转化成资本，成为剩余价值生产的起点。工人的劳动力作为一种特殊的商品，其使用价值是劳动，同时它也创造了价值，一部分价值以工资的方式支付给雇佣工人，剩余的部分被资本家无偿占有，而剩余价值是由资本所带来的。马克思按照资本的不同功能将其分为不变资本和可变资本，只有作为可变资本的劳动力可以生产剩余价值，因此资本家就用延长劳动时间和提高生产效率两种方式来榨取更多的剩余价值。在剩余价值中又继续产生资本，实现了资本的原始积累，经过生产和再生产，一方面积累了更多的物质财富；另一方面也生产了一无所有的无产阶级。马克思指出在简单的生产中，劳动者对自己生产的产品具有所有权，但是在资本主义生产的条件下，资本家占有了工人的劳动和产品。在生产资料不断增加的情况下，资本家为了降低成本，付给雇佣工人的可变成本不断被压缩，就造成了大量的失业人口，被称为产业后备军。

马克思的剩余价值理论推翻了亚当·斯密、大卫·李嘉图等古典经济学的生产的目的是消费的理论。在《资本论》中，马克思指出资本主义生产方式下，生产的目的不是满足自身的需要，而是被资本所控制和决定。不仅劳动者在资本的控制下被异化，资本家也同样异化，资本家成为人格化的资本。在资本主义的生产过程中，资本具有绝对的指挥权，它决定如何劳动，并且迫使工人从事超过自身需要范围的更多劳动。资本家在榨取工人剩余价值的过程中实现资本的增殖。

生产资料的所有制结构是决定资本主义生产方式的根本原因，马克思对此进行了彻底的批判，并揭示了资本主义自我否定的本质。随着资本主义的生产扩大化，劳动资料逐渐取代劳动力成为生产的主要因素，劳动受到了资本的排挤，而劳动本身也是从属于资本的，资本主义的生产关系被资本所破坏，出现了资本发展的悖论。资本一方面促进了生产力的发展；另一方面又导致生产过剩和危机，生产扩大与资本增殖之间必然产生冲突，所以，马克思指出"资本主义生产的真正限制是资本自身"。恩格斯在《资本论》第二卷的序言中表明马克思的剩余价值理论，好像晴天霹雳震动了一切文明国家，使政治经济学发生彻底的革命。

马克思通过揭示资本主义具有自我否定的内在性质，论证了共产主义实现的必然性。共产主义就要消除资本、消灭剥削的社会，是对资本主义的否定的否定，它倡导在共同占有生产资料的基础上重建个人所有制。

三　唯物史观的深化

恩格斯说唯物史观和剩余价值学说是马克思的两大发现，在《资本论》中既有剩余价值理论的新发现又有对唯物史观的深化，可以说是其唯物史观思想发展的一个制高点。马克思在《德意志意识形态》中站在唯物史观立场发现了人类历史发展的一般规律，在《资本论》中，他深化唯物史观，探讨的是资本主义社会运行的特殊规律。

在《形态》中，马克思从现实中的个人出发将其作为历史发展的前提，他指出现实的人从事着物质生产活动，人们的生活决定着思维和意识。马克思还首次提出生产力和生产关系的辩证关系，将历史发展的动因归于生产力和生产关系的矛盾运动。在《哲学的贫困》中，马克思进一步发展了唯物史观，将其与政治经济学批判结合在一起，更加明确了生产力和生产关系的概念，并将生产力看作全部历史发展的基础。唯物史观的发现具有世界历史性的意义，它将哲学从天国拉回尘世。《资本论》是唯物史观发展的必然，甚至有学者表示唯物史观的创立就是为了《资本论》的研究，唯物史观具有鲜明的《资本论》定向。

《资本论》深入资本主义社会中物与物背后的社会关系，将各种复杂的关系通过商品等物的形式表现出来，运用唯物史观的分析方法，实现了政治经济学的革命。生产力和生产关系是唯物史观的一对基本概念和范畴，马克思在《资本论》中对其进行了详尽的论述。马克思首先考察了生产力的三个要素，即劳动本身、劳动对象和劳动资料，这三个要素是缺一不可的。生产力是社会发展的绝对性力量，它也是受多种因素所影响的，其中包括工人的平均熟练水平、生产资料的效能和规模、科学的发展水平及应用，还有自然环境等条件。马克思强调科学是历史的有力杠杆，是重要的生产力量。此外，马克思也对生产关系进行了深入考察，他指出生产关系随着生产力的发展而发生变化，生产关系是当前历史阶段和生产力发展水平的反映。生产关系是一个非常复杂的系统，它包括生产资料的所有制形式，这是一切生产关系的基础；生产过程中人和人之间的关系；以及产品的如何分配问题。在资本主义的生产关系中，资本家占有全部的生产资料，并且为赚取更多的利润剥削和压榨雇佣工人，必定会激发社会的矛盾，资产阶级必然在资本的增殖中走向灭亡。

马克思在《资本论》的第一卷序言中指出："本书的最终目的就是揭示现代社会的经济运行规律——它还是就不能跳过也不能用法令取消自然的发展阶段。"马克思的观点是"把经济的社会形态的发展理解为一种自然史的过程"①。马克思虽然认为资本主义这个历史阶段是自然的过程，但是也不能忽略人的主观能动作用，我们可以发现并利用规律，缩短和减轻分娩的痛苦。社会的发展形态是一个自然的历史的过程，同时也要充分认识到人民群众的作用，马克思关于资本主义社会中生产力和生产关系的辩证分析，是对唯物史观的验证和深化。

马克思在《资本论》中运用了辩证法方法，他从抽象的商品概念到具体的货币和现实的社会生产图景，建立了从抽象上升到具体的研究方法，同时也运用了历史和逻辑相一致的方法，列宁称在马克思的《资本论》中，逻辑学、认识论、辩证法三者不可分。

本章小结

本章从马克思的主要著作中，分析了卢梭在各个不同的阶段对

---

① 《马克思恩格斯文集》（第5卷），人民出版社2009年版，第10页。

马克思思想所产生的影响，以及马克思对卢梭态度的转变。马克思熟知卢梭的著作及思想，在《黑格尔法哲学批判》中就以卢梭作为参考来批判黑格尔的国家学说，在《德法年鉴》时期受卢梭平等主义启发，同时也深刻认识到政治解放的局限性，论述了人类解放思想并向共产主义转向。《德法年鉴》的两篇文章是对黑格尔国家和法哲学批判的延续，在这里马克思将费尔巴哈作为扬弃黑格尔哲学的中间环节，正是在这期间，马克思完成了两次转变：从唯心主义向唯物主义、从革命民主主义向共产主义的转变。在《〈黑格尔法哲学批判〉导言》中，马克思阐明了宗教的根源和本质，揭示了德国封建专制制度的社会基础和阶级特征，提出了推翻这一反动制度的战斗任务，论述了革命理论同革命实践相统一的思想，同时首次明确地阐述了无产阶级的历史使命。在《论犹太人问题》中，马克思论述了资产阶级政治革命的本质特征，揭示了资产阶级民主、自由和人权的历史局限性和虚伪性，强调了消灭私有制并对社会革命改造是实现人的解放的途径。马克思在这一时期利用其熟知的卢梭观点，为有关人和人的解放的问题、人的自由权利和平等问题的论述服务。

马克思在《1844年经济学哲学手稿》中同卢梭一样对资本主义制度进行了道德维度的批判，并且更进一步深入国民经济学，分析了其前提的矛盾之处。马克思继承并改造了卢梭的异化理论，指出异化劳动中人的本真状态的丧失，给出了异化的四重规定性。马克思与卢梭一样批判私有财产，不同的是，马克思强调了扬弃私有财产的必要性，描绘了共产主义的蓝图。在《手稿》中，马克思改造了卢梭的异化思想，揭露了国民经济学的前提悖论，主张废除私有制消灭分工，实现人的自由自觉的劳动。马克思在《形态》中拒绝了卢梭的抽象的个人，全面地考察了从事具体的物质生产的现实的人，并将其作为历史唯物主义的出发点。马克思将卢梭隐约意识到的历史发展的技术原因进行科学阐释，论述了历史发展的五因素，并指出人的解放是社会关系中的历史活动。马克思批判了卢梭的共同体为虚假的共同体，不具有现实的可操作性，构想了自由人联合体作为理想的奋斗目标。在《形态》中，马克思突破了卢梭的抽象的人限制，从现实的社会关系中考察具体的人的活动，说明了人的生产和劳动推动了历史的发展和进步，建立了唯物史观，实现了对卢梭根本性的超越。马克思在《资本论》中，马克思分析了资本主义社会的经济运动规律，得出资本主义必然被共产主义所取代的结论，为科学社会主义的诞生奠定了理论基础。《资本论》深入资本主义社会中物与物背后的社会关系，将各种复杂的关系通过商品等物的形式表现出来，运用唯物史观的分析方法，实现了政治经济学的革命。生产力和生产关系作为唯物史观的一对基本概念和范畴，马克思在《资本论》中进行了详尽的论述。《资本论》中深刻批判了资本主义的生产方式，并揭露了资本主义自身所包含的自我否定因素，预言了它必将被共产主义所取代。共产主义就是要消除资本、消灭剥削的社会，是对资本主义否定的否定，他倡导在共同占有生产资料的基础上重建个人所有制。至此，马克思将卢梭的政治理想通过从经济上消灭资本、重建个人所有制的途径实现。

在这一章中，按照时间顺序为线索，以几个主要著作为代表，论述了马克思对卢梭态度的转变。对待卢梭的态度在马克思思想形成的过程中不断地发生改变，从《德法年鉴》时期的赞赏到《1844年经济学哲学手稿》时期的批判性改造，再到《德意志意识形态》时期的建构性吸收，最后在《资本论》中期实现了全面超越。在马克思的其他著作中，也有对卢梭思想的批判和吸收之处，下一章以德国古典哲学的中介作用为线索，全面分析马克思与卢梭的思想关系。

第四章 马克思哲学思想中的卢梭因素

在卢梭、康德、黑格尔和马克思的哲学中存在共同的政治研究主题：国家观、自由观、私有财产和人民主权。这些研究主题都是卢梭公意概念的展开和深化，演变为康德的善良意志、黑格尔的普遍意志最后到马克思的物质利益，从卢梭到马克思的思想发展过程具有内在连续性与继承性。从卢梭到马克思思想的继承和演变体现为，在马克思对卢梭思想的处理问题上，康德和黑格尔起到了重要的参考作用。本章将分别从以上几个主题的演变和发展过程入手，介绍马克思哲学思想中的卢梭因素。

第一节 马克思国家观的奠基

国家问题一直以来都是西方哲学的基本议题，政治哲学家们纷纷提出关于国家的起源及性质的不同观点，马克思的国家理论是其政治思想的重要内容，也是其唯物史观的重要组成部分。契约论是近代政治哲学关于国家思想的代表性理论，卢梭更是社会契约论的代表人物，他的契约论国家观被康德所继承和发展，也招致了黑格尔对契约论的批判。马克思批判地吸收了卢梭的人民民主理论及黑格尔的理性国家观，结合政治经济学和唯物史观哲学，发展了自己的国家学说，提出国家消亡的科学预见。

一 从契约论到理性主义国家观

契约论国家观是近代西方政治哲学中关于国家学说的主导观点，它推翻了当时占统治地位的国家神创的理论，批判了君权神授说，以人的理性作为国家起源的基础，代表人物是霍布斯、洛克和卢梭。霍布斯的契约是单向的，统治者具有绝对的权威，国家的力量大于每个个体的力量，结果造就了君主专制国家。洛克认识到了君主专制国家对个人权利的制约，而将个人的所有权放在首位，保障了个人的权利。但是，洛克的"公民社会"式国家也存在一定的问题：他的"少数人服从多数人的"观点是无法保证公平正义的。

卢梭的社会契约论继承了霍布斯的自然状态学说，反对霍布斯的人性自私的说法，将人的原始状态看作人类的黄金时代。卢梭意识到私有制的出现，让人与人之间产生隔阂，贫富逐渐扩大，社会地位也有了高低之分。拥有财富的富人为了保护自己的财产，通过与穷人订立契约发明了国家，将其所有物合法化。卢梭看到富人和穷人的冲突问题，并且富人依靠国家为其服务，可以见得他似乎察觉到阶级的对立与国家产生的关系；此外，卢梭批判富人对穷人的压迫和奴役，一再强调以往的契约都是富人掠夺穷人的工具。他试图通过人们的普遍同意建立新的契约关系，使人们重新获得自由和平等。洛克未能解决的问题也成为卢梭所必须解决的难题，为此他采取直接民主的形式。

马克思认为社会契约论是将人看成原子式的孤立的个人，立场仍然是资产阶级的，卢梭将社会的不平等和私有制的产生联系到一起，将富人对穷人的奴役看成在一定社会关系中所存在的，其国家观中批判私有财产和追求自由的精神被马克思批判地继承和发展。马克思认为卢梭将国家的起源归于普遍意志的契约并未找到其产生的客观基础。

德国古典哲学家康德继承并发展了卢梭的契约论国家观，他以先验自由作为公意的前提，也从自然状态出发，论证了进入法治国家的必要性。康德更进一步，提出民族的权利与义务以证明国家存在的合法性。康德的前提性普遍预设是纯粹理性的体现，黑格尔的国家观是绝对精神的表征，二人的国家观理论都是理性主义国家观传统。黑格尔认为卢梭的契约是任意的，只能运用于市民社会之中，而不适用于国家。黑格尔的国家是伦理理念的现实，是自在自为的理性的实现，其国家理论实质是思辨概念的演绎和推理。国家在制度中体现为王权、行政权和立法权，是自身所展现的三个环节，在这三个环节中，个人与国家实现了统一。个人作为公民既是具体的人又是现实的人，只有在国家之中才能体会到自由，个人以国家制度为中介在特殊利益中获取普遍物。

马克思一开始是黑格尔国家观的信徒，通过对德谟克利特和伊壁鸠鲁的哲学思想的比较，认为原子具有相互排斥的属性，受到外力的约束而失去自由，在原子的排斥运动中，特殊意志和普遍意志相结合，这符合卢梭的公意思想。马克思认为将此种形式引申到社会政治领域之中，则表现为契约。但是，马克思与黑格尔一样认为契约来自市民社会而非政治国家。马克思最初的国家观是对卢梭契约论的批判性继承和发展，也是黑格尔理性主义国家观的表现。

马克思进而关注现实的政治问题都与国家相关，他认识到国家在社会生活中的重要作用，此时他还受到黑格尔国家观的影响来看待和处理现实问题。马克思在当时指出，书报检查令剥夺了报刊出版人的监督和批评的权利，限制了出版自由，用书报检察官的特殊意志取代了公共的意志，应该废除这项法令，重获新闻出版自由。同时，马克思也批判了等级议会对捡枯树枝的贫民的定罪，指出法律并未保护人民的利益，反而成为惩罚贫民的工具，从而维护林木所有者的特殊利益。马克思认为国家成为维护私人利益的工具，是与理性的国家的意愿相违背的。

马克思在青年时期曾遇到的物质利益难题，促使他对社会问题进行研究和反思，也使他意识到黑格尔的理性主义国家观在现实面前的无力感，推动其对黑格尔国家观的重新思考和超越。

二　理性主义国家观的缺陷

在黑格尔的理性主义国家观中，家庭和市民社会都是被国家所决定的，国家是奠基于理性之上的，它不是个人意志的统一，而是真正的特殊意志与普遍意志的统一，是自由意志的体现。在《法哲学原理》中，黑格尔主张君主立宪制是最理想的国家形式，将君主看作主权的人格化，具有绝对的权威。对此，马克思做出强烈批判，坚决认为主权属于人民而非君主，人民才是国家制度的核心。

马克思的《黑格尔法哲学批判》指向黑格尔的《法哲学原理》中第 261 节至第 313 节，他逐一清算黑格尔的国家学说，同时也构建了自己的新哲学。马克思一开篇就直指黑格尔关于家庭、市民社会和国家关系的论述的矛盾之处，指出黑格尔提出了一个无法解决的二律背反，一方面将国家看作外在必然性；另一方面又是内在的目的。[①] 在第 262 节中，马克思认为黑格尔将家庭和市民社会看作国家的概念领域，是运用思辨思维将头足倒置的结果，是逻辑的泛神论的神秘主义的表现，指出"政治国家没有家庭的天然基础和市民社会的认为基础就不可能存在"[②]。马克思在"内部国家制度本身"中，对黑格尔所设定的国家三环节，即王权、行政权和立法权进行逐条解剖式分析。黑格尔从国家出发，把人变成主体的国家，国王可以主宰一切，人民主权和君主主权是对立的、荒唐的。马克思对其进行深刻批判，提出了民主制是君主制的真理，君主制却不是民

[①] 《马克思恩格斯全集》（第 3 卷），人民出版社 2002 年版，第 9 页。

[②] 《马克思恩格斯全集》（第 3 卷），人民出版社 2002 年版，第 12 页。

主制的真理。① 这个时期的马克思还是持卢梭的民主共和制立场的，通过对比民主制和君主制，马克思认为民主制兼具内容与形式，是人民的自我规定，是一切国家制度的实质，而在君主制度中，人民只具有形式和伪造的内容，是不好的政治制度。马克思进而批判了王权世袭制，反对长子继承制。在行政权一节中，马克思着重揭露了官僚机构的虚假性，认为它是国家的唯灵论，是自己的私有财产。黑格尔在立法权的篇章中强调等级要素，主张用等级制取代代议制，被马克思所否定和批判，提出与此相对的体现人民民主的普遍选举方案。

马克思看到了黑格尔在努力寻求一种普遍性的规范，试图克服市民社会与国家的分裂，这与卢梭根据公意重建共同体的思路是一致的，马克思认可并继承这一脉络。但是，黑格尔将其国家学说建立在其思辨哲学之上，马克思则突破黑格尔的理性主义哲学，从市民社会自身的矛盾运动出发，得出"市民社会决定国家"的结论。马克思否定了卢梭和黑格尔解决现代国家问题、寻找普遍性的路径，特别是对黑格尔思辨哲学的批判让马克思走上了与黑格尔完全相反的唯物主义之路，开始建构自己的新哲学。

此后，马克思进一步讨论了如何扬弃市民社会的内在矛盾，他指出政治解放让人们获得的是普遍的政治权利，但是实现的平等和自由只是资产阶级性质的，进而提出人类解放，并将人类解放的希望寄托于无产阶级身上。马克思以无产阶级作为中介实现解放的思路正是受黑格尔所启发，黑格尔试图通过中介协调旧等级和新市民等级的利益，虽然最后向旧势力妥协而未成功，但是其"中介"思维方式被马克思所借鉴。

马克思继承了卢梭的人民主权学说，克服了资产阶级民主的局

---

① 《马克思恩格斯全集》（第3卷），人民出版社2002年版，第39页。

限性和不可操作性的缺陷，通过无产阶级民主的科学路径超越了卢梭。相对于卢梭和黑格尔，马克思在现代性国家问题的解决方式更为激进，主张通过革命的方案，消灭私有制，建立共产主义社会。卢梭和黑格尔的国家理论对马克思的影响是长久而深远的，但是只有在批判他们思想中的不合理之处才能得到真正的继承和超越。

三　国家观的体系化

马克思的国家理论随着哲学思想的发展不断增加其内容和更新观点，在认识到理性国家与现实国家的出入之后，特别是在政治经济学的知识背景下，马克思火力十足地展开了对资本主义国家的批判。

马克思首先指出资本主义社会中的异化劳动现象和工人与人的类本质相背离的状态，要求消灭私有制、消除分工，实现人的自由自觉的劳动，初步描绘了共产主义社会。马克思又进一步提出了以生产力和生产关系为主要内容的生产方式是社会发展过程中的重要因素，进一步验证了之前提出的市民社会对国家的决定性作用，并指出了资本主义国家是"虚幻的共同体"，明确了资本主义的贪婪剥削本质，法律和制度都是维护资产阶级的工具。因此，马克思寄希望于无产阶级进行彻底的革命，进而夺取政权，建立共产主义社会。在马克思看来，从古至今的一切国家都是统治阶级维护自身，用暴力打压非统治阶级的工具，是阶级斗争的外在表现形式。马克思首次提出了无产阶级专政的科学概念，阐明了在无产阶级革命中建立工农联盟的必要性和可能性，科学地规定了无产阶级专政历史阶段的具体任务。首先，马克思认为无产阶级民主与无产阶级的专政具有内在的一致性，是国家消亡的过程中的必经之路。其次，马克思主张用公社取代国家，他认为这是人民群众获得社会解放的政治形式，这种政治形式代替了被人民群众的敌人用来压迫他们的假托的社会力量。① 在具体的行政事务安排上，马克思废除各种官员，将这些职能归还给社会的负责任的勤务员，社会的公职变成真正的工人的职务。在这里，马克思明确了如果没有阶级统治，就不会有政治国家的存在，这是马克思国家消亡理论的最初形态。最后，马克思指出在共产主义的初级阶段一些弊病是不可避免的，权利就不应当是平等的，而应当是不平等的②，在这里，马克思的平等思想与卢梭是一脉相承的；而到共产主义的高级阶段，在迫使个人奴隶般地服从分工的情形已经消失，从而脑力劳动和体力劳动的对立也随之消失之后；在劳动已经不仅仅是谋生的手段，而且本身成了生活的第一需要之后；在随着个人的全面发展，他们的生产力也增长起来，而集体财富的一切源泉都充分涌流之后，——只有在那个时候，才能完全超出资产阶级权利的狭隘眼界，社会才能在自己的旗帜上写上：各尽所能，按需分配！③

在卢梭的政治哲学中，政府的概念相当于国家的含义，它是存于主权者和公民之间的中间体，政府的官员就是人民的办事员，马克思的勤务员与之相似。此外，卢梭认为政府的作用越小越好，这样能更好地符合公意。卢梭关于政府的一些论断为马克思的国家学说的发展提供了理论资源，也成为国家消亡理论的最初源头。马克思在超越政治解放、提出人类解放的伟大目标、消灭私有制之时，就必然会得出国家消亡的政治预见。因为只有消灭国家自身，才能彻底解决普遍利益与特殊利益的矛盾，才能从根本上实现卢梭的公意，解决卢梭问题。

在马克思的学术话语体系中，国家消亡并不是完全地取消国家这个称谓，而是指国家丧失其阶级统治工具的这个性质，社会管理

---

① 《马克思恩格斯文集》（第 1 卷），人民出版社 2009 年版，第 195 页。
② 《马克思恩格斯文集》（第 1 卷），人民出版社 2009 年版，第 435 页。
③ 《马克思恩格斯文集》（第 1 卷），人民出版社 2009 年版，第 436 页。

职能还给社会，国家中的官僚机构由社会直接承担，不再给予少数人特殊权利，国家最终融于社会组织之中。马克思最后通过对资本主义生产力和生产关系论证，消灭私有制之后，无须国家机器维护阶级统治，科学揭示了国家消亡的必然性和现实性，符合人类历史发展的规律。马克思站在唯物史观的立场，认为国家作为人类社会发展过程中的一个环节，是有其产生、发展、灭亡的过程的，消解了黑格尔国家永恒的神话。

第二节　马克思自由观的嬗变

自由和平等是资本主义社会的两大思想主题，卢梭开创了平等主义的自由，平等和自由紧密地联系在一起，并将自由作为最高的政治追求。康德欣赏并继承卢梭的自由观，并给自由提供了先验的基础。黑格尔批判了康德的形式主义自由，建立以具体自由为基础的哲学体系，寻求特殊与普遍相统一的现代自由国家。卢梭、康德和黑格尔关于自由的论述构成了马克思自由观的理论来源，并经历了从理性自由到现实自由的演化和发展过程，最后落脚于人的全面自由的发展就是人类解放。

一　从道德自由到先验自由

卢梭从自然状态出发，认为人们处于互不联系的独立平等、互不侵犯和干扰的状态，从而充分享受着天然的自由。卢梭认为由于人具有自我完善的特性和一系列历史的偶然因素，人们的欲望增长，拥有了私有财产，出现富人和穷人的差别、主人和奴隶的划分，人们失去了天然的自由，进入"无往不在枷锁之中"的社会状态。

卢梭虽然认为自然状态往而不返，但是我们可以通过"公意"重建道德共同体，在这个共同体之中我们是自由平等的，除了以往的自然自由，人们收获的还有道德的自由，道德自由是让人获得尊严的真正的自由，是在公民社会中的自由。"道德自由使人依正义行事，服从义务的呼声，倾听理性的召唤，他的行为因此具有了他此前所没有的道德性，道德自由乃人之所以为人的根本所在。"① 在卢梭看来，人因自由才能具有德性，爱国主义是最高的德性，它表现为对所生活的土地的热爱、对同胞的爱和对在共同体中生活的向往。卢梭的自由观开启了现代政治消解个人主义、返回自然本真状态、复兴共同体理想的传统②，奠定了现代政治哲学中关于自由思想的基石。

康德视卢梭为道德世界的牛顿，卢梭帮助康德找到了人的尊严和价值，认识到自由是人的本性，也是人的高贵之处。特别是卢梭的道德的自由，对于康德的实践理性批判中的道德自律具有启示意义。自由成为康德哲学的逻辑起点，并将卢梭的自由原则构建为高高在上的自由王国，自由概念由此成为其道德哲学的最高问题。正如黑格尔所说："自由的原则（在卢梭这里）出现了……这个原则提供了向康德哲学的过渡，康德哲学在理论方面是以这个原则为基础的。"③

康德在《纯粹理性批判》中，提出了让对象符合主体的认识形式，以此证明了知识的普遍性，实现了认识论上的哥白尼式革命，也就实现理解自由的可能。然而，并不是所有的对象都能被主体所认识和把握，在主体认识范畴之外的对象被康德称为物自体，这就是康德为知识划界、为道德和信仰留下地盘，以此论证了自由的可

---

① ［法］卢梭：《卢梭全集》（第 4 卷），李平沤译，商务印书馆 2012 年版，第 36 页。

② 吴永华：《现代自由的谱系：从卢梭到马克思》，中国社会科学出版社 2022 年版，第 35 页。

③ ［德］黑格尔：《哲学史讲演录》（第四卷），贺麟、王太庆译，商务印书馆 2011 年版，第 529 页。

能性。康德在《纯粹理性批判》中曾提出了自然律与自由的关系的二律背反，在如何解决这对关系时，他指出自然因果律总要追溯一个最初的原因，它自己就是自己的原因，因而是自由的，自由是不包含任何经验的，而是先验的。先验自由的提出为实践自由提供了前提和可能，实践自由是在道德领域对先验自由的深化和发展。

康德为道德行为增加了义务的要素，他认为出乎义务的行为是真正道德的，是典型的动机论的代表。在康德看来，善良的意志是因其善良的意愿而善的，被称为自在的善，可以引发具有道德的行为。康德的动机论道德观赋予了道德以最崇高的地位，是对道德律的绝对服从，而道德律是排除了任何感性经验的动机完全从理性出发的，自由意志是道德律存在的前提条件。虽然是服从，但是服从的是自己给自己所立的道德法则，是真正自由的表现，这就是康德著名的"自由即自律"。康德的人为自然立法思路与卢梭的遵守由自己制定法律而实现自由是一致的，并将卢梭的公共意志变为善良意志。康德的实践理性中自由要遵守道德的法则，表现为自律的同时也通过自身立法实现自由，因此康德的主观性哲学的建立是以道德为基础的，即以人为目的的哲学。在康德的目的王国中，忽略了人的理性之外的社会现实。虽然在康德晚年，他的自由观回归到现实的政治自由上来，利用自由原则再一次论证了卢梭的契约思想，讨论了国家的合法性，但是康德的形式主义和理想主义的哲学特征并没有改变。

自由是康德哲学的最高追求，而先验自由是一切自由的逻辑前提，在其思想中起着主导性作用，解决了近代哲学自由和必然的矛盾问题，充分展现了人的理性的崇高和对启蒙的赞扬。但是，康德是在区分现象和物自体基础上得到的先验自由，留存的"物自体"吸引了后来哲学家的关注和批判，特别是黑格尔取消了物自体和现象的二重划分，对康德的自由观加以改造并实现了超越。

二　具体自由的探寻

黑格尔认为康德的自由概念是内省的、纯形式的，黑格尔对这种抽象的道德自由做了深刻的思考并批判。黑格尔从康德的自由的前提先验自由入手，认为自由的可能性不在于先验的理念，而在于任意的冲动。然而，这种任意的自由仍然是抽象的，它需要过渡到真正的自由。黑格尔在扬弃了卢梭和康德的自由观基础上，对自由做出了全新的阐发。

黑格尔认为自由是意志的本质规定，不存在没有自由的意志，正如重量之于物体一样。意志自由具有三种形式：抽象自由、形式自由和具体自由，通过这种三段式的自我运动之后才能达到真正的自由。抽象自由是普遍性的意志，卢梭和康德的自由就是这样的一种自由模式，黑格尔将法国大革命的恐怖归因于普遍的自由在政治中的狂热行动，因此，普遍的自由在本质上并不是自由的。形式自由是意志的特殊式环节，是任性的表现，具有偶然性的特征，是有限的意志，仅仅具有的是形式上的自由。具体的自由是意志的单一性环节，黑格尔认为这种具体的自由才是真实的、真正的自由，它是普遍性与特殊性的具体的统一。至于自由是希求某种被规定的东西，却在这样一种规定性中：既守在自己身边又重新返回到普遍物。① 黑格尔运用自身独特的思辨法，将意志自由的三环节的具体内容依次概括为：抽象法、道德和伦理，与抽象自由、形式自由和具体自由相对应。在黑格尔看来，具体的自由是自由的最终环节，它是主体的实现。主体既是自由实体的内部生成，也是它的外在表现，因此是个体自由的彻底的实现，实体就是主体。

黑格尔认为具体自由的现实化表现就是国家，国家必然是普遍

---

① 　[德] 黑格尔：《法哲学原理》，范扬、张企泰译，商务印书馆 1961 年版，第 19 页。

性和特殊性的统一体，这是家庭和市民社会无法达到的高度。黑格尔与卢梭一样，认为国家是公共意志的表达，但是并不认可卢梭的公意，黑格尔认为那不是真正的公共意志，而是特殊意志中共同的部分，即众意，仍然是立足于市民社会的特殊利益。黑格尔批判了卢梭的契约，指出通过契约获得的自由只是任性的自由，国家也绝不是通过契约形成的。在黑格尔看来，只有国家能承担将人的普遍性体现在外部世界使命。在家庭中，虽然能通过家庭的责任感而超越自身利益获得普遍性，但是这种普遍性是直观的而非理性的；在市民社会中，每一位成员都被自身的特定职业所限制，以满足自己的需要为目的。只有参与公共事务的普遍等级的成员在活动时，才由市民社会领域进入国家，达成具体的自由。因此，国家是人实现真正自由的中介，是与市民社会所对立的存在，被黑格尔称为理性国家。

黑格尔的自由观因参与了现实的政治经济活动而获得具体的内容，从而解决了康德自由观形式主义的问题，追求客观自由和主观自由的统一，同时黑格尔也论证了个人在国家之中追求合法权利的自由。然而，黑格尔的自由观也存在矛盾：从概念的逻辑演绎而不是从物质生产的现实出发，得出的自由仍然是抽象的、思辨的；国家并不是绝对精神的王国，而是充满各种现实生活的真实的社会，因此真正的自由应该是人民群众的自由如何实现的问题。

马克思赞同黑格尔对抽象自由和具体自由的划分，以及近代自由主义所形成的"自由观"所表达的是市民社会的精神，因而所体现的是"有产者"的"自由"，是以掩盖和扭曲真实的社会关系为前提的形式性的、外在的"自由"，因而是一种"抽象"而非"具体"的"自由"。① 马克思和黑格尔都认识到，抽象的自由是脱离历

---

① 贺来：《"抽象自由"与"具体自由"：值得深入反思的"两种自由观"》，《社会科学文摘》2022 年第 10 期。

史与现实的，是原子式的、个人的自由。但是，马克思指出黑格尔的理性国家正是抽象自由的体现，马克思通过颠倒国家与市民社会的关系，批判黑格尔的国家观，从而修正并改造了黑格尔的自由观。

马克思认为具体自由不能在黑格尔所说的政治国家中实现，而是通过人民民主制才能实现，在真正的民主制中，人与人的关系发生变化成为新型社会关系。在这里马克思借用卢梭的人民主权理论克服黑格尔的国家学说的缺陷，并超越卢梭理论，在现实的社会关系中探讨具体自由的实现。卢梭、康德、黑格尔关于自由的论述是马克思自由观形成和发展不可绕过的思想资源。

三　个人的自由与发展

自由是马克思一生都在探索的主题，无论是早期马克思的法哲学研究还是后来的政治经济学批判，都离不开人的自由和解放。马克思深受法国启蒙思想和德国古典哲学的影响，在承接这些自由理论资源后，他的自由观从萌芽到发展和深化，随着马克思唯物史观的确立，他的自由观也最终形成。

马克思最初表现出对法国启蒙哲学中自由思想的崇高敬意。在此时，马克思深受黑格尔的自我意识哲学影响，通过对伊壁鸠鲁自然哲学的研究，肯定了原子偏斜运动的观点，体现了个体性的自由，提出人们应该超越超验的迷信和命运的束缚，从迷信中解放出来，这是马克思追求自由的开始。在《莱茵报》时期，马克思进行了反对专制统治，争取出版自由的斗争，指出自由是所有人的权利，而不只是某一特权等级的权利。马克思在接触到现实的物质利益问题之后逐渐从黑格尔自我意识哲学中走出来，也从自我意识的理性自由转向了现实的权利自由。马克思早期对自由的追求促使他深入现实的劳动生产中，批判资本主义经济制度，寻求人的全面自由发展。

马克思继承康德的主体性哲学，但是抛弃了康德的善良意志，他认为康德的善良意志毫无效果，"康德把这种理论的表达与它所表达的利益割裂开来，并把法国资产阶级意志的有物质动机的规定变为'自由意志'，自在和自为的意志、人类意志的纯粹自我规定，从而就把这种意志变成纯粹思想上的概念规定和道德假设"①。马克思评判康德脱离感性经验谈论道德的高尚，却没有说明如何将其付诸实践，马克思进而探索如何将康德形而上学的道德转换为唯物史观的道德要素。

面对法国自由主义和德国古典自由观的思想遗产，马克思要做的是将康德和黑格尔的思辨领域的"自由"转到社会现实中来。《莱茵报》解散之后，马克思到克罗茨纳赫开始研究历史和政治经济学著作，其中特别关注了法国大革命事件，对于自由问题也有了更为深切的感悟。在《德法年鉴》的两篇文章中，马克思清算了黑格尔的理性国家观，指出黑格尔的国家代表了特殊等级的国家，人民是受到压迫的，只有民主制的国家才能让人们自由行使权利。马克思对自由的理解进而体现了政治解放实现的资产阶级的自由，他认为只有人的解放才能实现无产阶级的自由。然后，马克思进一步分析如何实现人的解放，提出了无产阶级的历史使命，将自由实现的希望寄托在无产阶级身上。马克思在《德法年鉴》时期已经站在唯物主义的立场来认识和解决自由问题。

马克思在《1844年经济学哲学手稿》中提出了异化劳动的概念和它的四重规定性，人在异化劳动中是不自由的，从事的是丧失"人的类本质的是自由自觉的劳动"的特性。马克思第一次从劳动的角度来理解自由，并将人与社会联系在一起。在资本主义社会下，工人受到资本家和商品的双重控制，是极不自由的，消灭私有制、消除异化是获得自由的途径。尽管马克思此时还受到费尔巴哈人本主义的影响，但是已经深入政治经济学中去思考自由如何实现的

① 《马克思恩格斯全集》（第3卷），人民出版社1960年版，第213页。

问题。

在 1845 年的《关于费尔巴哈的提纲》中，马克思超出费尔巴哈，概括了人在现实性上是社会关系的总和，在历史观上对人做出唯物主义的新认识。马克思在此批判了旧唯物主义，认为旧唯物主义在理解对象的方式上只是直观的形式去理解，而没有当作实践，从主体方面去理解。这时马克思将自由拓展为人的实践发展样态、理解为人在历史生成和发展中的过程。

随后，马克思确立了唯物史观，系统阐述了分工，人们因分工只能固定在某一特定领域从事劳动，因此人的发展是受限制的、不自由的。马克思畅想了在未来共产主义社会中，人们可以今天干这事、明天干那事，摆脱旧式分工，在新式分工条件下得到自由全面的发展。马克思通过个人是否可以自由活动来判断生产力与生产关系发展的标准，他已经意识到人的自由需要在物质生产活动中得以实现。

马克思在《共产党宣言》中提出"每个人的自由发展是一切人自由发展的条件"[1]，将个人的自由和全人类的自由紧密联系在一起。在这里，马克思强调了个体与共同体的关系问题，在这里他用了真正的联合体，这种联合体是对卢梭的共同体的真正实现，个人的发展不仅不影响其他人的利益，还为他人的发展创造条件。只有在这样的联合体中，每个人才能自由地发挥自身的本性。马克思将这个联合体扩大到全世界的范围，他追求的是全人类自由的实现，在世界历史的背景下需要每一个人都实现自由。

马克思在分析资本主义社会中指出人的关系被物的关系所取代，异化是普遍的社会现实，资本在其运动的过程中通过等价物的交换和商品的意志渗透，实现了所谓的自由与平等。然而，马克思通过对资本主义制度的深刻剖析，揭示了资本的自由竞争本质。在马克

---

[1]　《马克思恩格斯文集》（第 1 卷），人民出版社 2009 年版，第 53 页。

思看来，资本统治下的自由竞争越是发展，人的个性越屈从于社会条件，就越丧失自由。资本不断地要求提高生产力，使工人片面地发展，是人的自由发展的最大阻碍，工人逐渐成为机器的奴隶，其生存条件极其恶劣，生活时间也都成为劳动时间。马克思从时间角度阐释自由，提出时间是人类发展的空间的口号，因此要大力提高生产力，减少生产的必要劳动时间，提高生产效率，人们可以获得更多的自由时间。然而，最根本的还是改变生产资料所有制形式，人们根据个人的需求分配时间，进行自由劳动，实现从必然王国到自由王国的飞跃。

卢梭与马克思的哲学最终目标都是实现自由，卢梭意图通过公意形成道德共同体，由于缺乏社会现实性而无法操作；康德为卢梭的自由提供了先验证明，却依然形式化，不具有具体内容；黑格尔将自由具体化，并通过概念的逻辑推理从家庭、市民社会向国家升华，最终将国家看作具体自由的现实化。马克思直指黑格尔的国家观，从唯物主义立场出发，建构了唯物史观视域下的自由观，超越了卢梭、康德、黑格尔抽象的自由，确立了以人的全面发展为内容的全新的自由观。

第三节　马克思私有财产批判的彰显

私有财产是动态发展着的历史性概念，每一个时期哲学家对私有财产都有着不同的理解和主张。从财产意识的产生到财产权观念的出现经历了一系列的演变历程，财产权萌芽于古希腊时期，其体系形成于中世纪。直到近代，西方自由主义者肯定私有财产，为私有财产的合法性和正当性辩护。德国古典哲学家们认为财产权是关于自由意志的权利，具有抽象性质或囿于精神领域。马克思把私有财产从意志关系转向生产关系，以此理解财产权问题，揭示私有财产的本性，提出消灭私有财产及其所代表的资本主义所有制。

一　从劳动财产权到契约财产权

财产所有权是近代以来西方政治哲学的重要范畴，是自由的核心。洛克作为西方自由主义的奠基人，将财产权与自由紧密联系在一起，认为财产权是为了实现自由，是与生命权和自由权同等重要的权利。他从自然状态出发进行劳动财产权理论论证，指出财产最初本应由人类共有，但全体共有相当于人人都不曾拥有。洛克思考了如何占有物的问题，认为上帝创造了万物，所以归属于上帝，按照这一逻辑，人通过行动创造的东西也应该成为他的私人物品。外物因人的劳动而改变，它凝聚了劳动者的意志、目的与劳动，因此公共的物品成为私人的东西，洛克以劳动为中介确定了物的归属，第一次提出劳动财产权，并且主张财产权是人的自然权利，其合法性在于它是人的劳动的产物，将劳动从人格权扩展到财产权。

洛克的财产权是包括生命、健康、财产、自由等在内的大"财产权"，政府为保护财产权而出现，这是国家的主要目的。因此，财产权是国家存在的基础。洛克的私有权理论奠定了近代资本主义关于私有财产问题的基本观点，成为英国政治经济学的基础，对后来的卢梭、黑格尔及马克思都产生了很大影响。

卢梭同洛克一样从自然状态出发，继承了洛克的劳动财产权理论，承认劳动创造价值，说明人们最初占有土地、想获得他人的认可需要通过劳动和耕耘，但是他并不同意洛克所说的财产权是天赋的自然权利，因为财产不是自然存在的，而是社会发展到一定阶段时出现的，并非永恒。与洛克不同的是，卢梭并不认为财产权保证了人的自由，反而是限制了人的自由，是苦难的来源。因此，卢梭对私有财产的态度是反对和批判的。为了重建自由、平等的社会，卢梭不得不承认并保护私有财产，相比于劳动财产权，卢梭更认同契约财产权。人类社会从自然状态向文明社会状态过渡时，在社会交往过程中产生了私有的观念，以土地的占有为例，最初是分散的约定式占有，然后发展为明确的协议式占有，这就是私有权的最初形态。随着国家的产生，为避免冲突和混乱，通过法律的规定使私人占有的财产合法化，法律的本质是保护私有财产的，这也是富人与穷人之间达成的契约。

在《论政治经济学》中，卢梭认为财产权是公民一项十分神圣的权利，甚至是比自由更为重要的权利。在《论不平等》中，卢梭又指出私有财产的出现是人类不平等的起源，国家最初的确立是为了维护富人的财产，在经济上取得地位的富人在政治上也拥有权力，并以法律的形式让自己的所得合法化，主人和奴隶的地位越来越悬殊，人们因财产而不自由。卢梭批判私有财产，但是并未主张消灭私有财产，而是顺应私有财产的产生采取保护私有财产的方式。在《社会契约论》第一卷第九章"论财产权"中，卢梭指出："集体的每个成员，在形成集体的那一瞬间，便把当时实际情况下所存在的自己——他本身和他的全部力量，而他所享有的财富也构成其中的一部分——献给了集体。"[1] 他通过契约将一切转让给了共同体，但是这种转让并不是侵占所有者的财产，而是"享有者由于一种既对公众有利、但更对自身有利的割让行为而被人认为是公共财富的保管者"[2]。卢梭意图将财产让渡给共同体，这种自上而下地改变财产权的方式具有理想化色彩，是难以操作和实现的。卢梭的财产权理论鼓舞了穷人对权利的追求，直接影响了法国大革命提出的"所有权就是盗窃"的口号。

---

① ［法］卢梭：《卢梭全集》（第 4 卷），李平沤译，商务印书馆 2012 年版，第 227 页。

② ［法］卢梭：《卢梭全集》（第 4 卷），李平沤译，商务印书馆 2012 年版，第 229 页。

卢梭的私有财产学说代表的是小资产阶级，存在阶级狭隘性和时代局限性的问题。康德综合并批判了洛克和卢梭的财产权理论，他一方面认为洛克的通过劳动占有某物只是外在的占有和经验性的占有，只是偶然的获得，具有任意性，他从先验的视角提出了"理智的占有"才是真正的占有的观点；另一方面继承了卢梭的公意思想，指出个人意志受制于普遍意志，所以财产权的合法性需要公民的普遍认可，只能在国家中实现；反过来，国家也有保护财产权的责任和义务。康德的财产权从自由意志的自律推出了关于普遍意志的先验性，但是并没有论述这种先验的道德与现实的关系问题。康德同样将财产和自由联系在一起，认为财产权是人格自由的体现，甚至认为人格权本身就是物权。康德以财产权为基础，为其作道德辩护，构造了他的自由意志的道德哲学，仍然具有主观性的缺陷。

黑格尔虽然与康德一样认为财产权是自由的一种运用，但是对于自由的理解，二人存在极大的差别。上文提过黑格尔对康德先验层面的、形式的自由的批判，他认为应该赋予自由以实质性的内涵，而财产权就是自由的直接显现，他的财产权理论是在批判康德法哲学的基础上所阐释的。

二　私有财产的物性

黑格尔在《法哲学原理》第一篇《抽象法》中批判了康德的财产权，指出财产权应该具有实体性的内容，康德的财产权原则只是先验的、无规定性的主观表达。康德受卢梭的启发，延续理性公意与契约思路，将财产权与自由意志联系在一起，并为之做出道德的辩护。康德人格权是根据契约而产生的权利，任何权利应该只是属于人的权利，然而黑格尔认为从客观上，根据契约产生的权利并不是对人的权利，而只是对在他外部的某种东西或者他可以转让的某种东西的权利，即始终是对物的权利。① 黑格尔提出占有就是所有权，唯有人格才能给予对物的权利，所以人格权本质上就是物权。② 因为人具有自由意志，而物没有，因此，所有的物都能被人们据为己有，变成个人财产，成为自由最初的定在。

在对康德财产权的批判中，黑格尔提出自己关于财产权的概念为"人把他的意志体现于物内"③，实现了洛克的经验性占有和康德的理智的占有的统一。在黑格尔的财产权概念中，物中包含人的意志，不能仅停留在个人自己的意志中，也要得到他人的承认，通过占有的外在形式，解决了无论是主观的还是客观的物的归属问题。黑格尔指出，财产权是市民社会的基本原则，是单个人特殊意志的客观表现，属于特殊性原则，应该服从理性国家。与卢梭、康德相反，黑格尔认为国家并不是因保护私有财产而出现，而是只有在理性国家之中，市民社会中的私有财产权问题才能够得到解决。

黑格尔并不认为私有财产是神圣不可侵犯的，当人的生命与他人的财产权发生冲突的时候，他主张紧急避险权。④ 因为，财产的权利只是所有自由的一个方面，而生命是整体的自由，生命一旦丧失，全部自由都被剥夺。可见，财产权在黑格尔这里是有限度的，借助生命权对财产权进行批判。黑格尔又进一步表明，在国家这个最高的伦理实体面前，生命权也是可以放弃的，在此黑格尔与近代流行的自由主义渐行渐远。

在黑格尔看来，国家的本质不是保护个人的生命财产，而是从

---

① ［德］黑格尔：《法哲学原理》，范扬、张企泰译，商务印书馆1961年版，第56页。

② ［德］黑格尔：《法哲学原理》，范扬、张企泰译，商务印书馆1961年版，第55页。

③ ［德］黑格尔：《法哲学原理》，范扬、张企泰译，商务印书馆1961年版，第67页。

④ ［德］黑格尔：《法哲学原理》，范扬、张企泰译，商务印书馆1961年版，第149页。

理性角度来思考财产权的问题，突破了近代经验主义关于国家以维护财产权利为目的的狭隘限制。他进一步说明国家权力超越于私有财产，是自由本质的实现。黑格尔认为自由的实现不是因为财产的占有及财产的权利，而在于公共的伦理国家中的相互承认。以私有财产为中心的市民社会领域，实现的仅仅是形式上的平等和自由，从对财产权的批判拓展到对政治经济制度的剖析。在市民社会中，随着分工的扩大和细化，在促进社会财富增长的同时也导致人的活动范围越来越狭隘，人也愈发依赖于他人，人们的自由随之受到了限制，市民社会的内在否定性逐渐表现出来。按照黑格尔的逻辑推理，财产权最终导致的是人格的异化。马克思延续了黑格尔的思路，从市民社会的角度研究国家，从现实的人与人之间的社会关系和物质生产为基础，理解财产权，揭示私有财产的本质。

黑格尔通过市民社会中对私有财产进行分析的思路，影响了马克思通过市民社会分析国家的研究路径。马克思通过分析资本主义生产关系，在黑格尔劳动与私有财产的矛盾分析之上提出了异化劳动的四重规定性，对政治经济学的前提进行批判，揭示了"劳动者与财产权相分离"是资本主义的内在矛盾。马克思为彻底解决资本主义的弊端，将黑格尔对权利的批判转向对资本本身的批判，提出否定私有制、废除私有财产的主张，重建个人所有制，最终实现共产主义。

三　私有财产的扬弃路径

马克思认为卢梭从政治的角度将私有权的产生归于法和契约，并没有找到其经济上真正的根源，他指出经济上的占有关系是法律上权利归属关系的基础。探索私有权的起源，首先应该考察私有财产，马克思在论述异化劳动与私有财产关系时，表明"私有财产是外化劳动即工人对自然界和对自身的外在关系的产物、结果和必然后果"①。在马克思看来，私有财产的本质是劳动，分工是财富生产的主要动力，不同于洛克和卢梭，他将私有权从意志关系转向了生产的关系的研究。

马克思突破了传统的政治哲学从法律的角度揭示私有权的起源的限制，他认为法律关系是由经济关系所决定的，因此私有权是经济关系在法律和政治上的表现形式，赋予了私有权以生产的维度和历史性。马克思和卢梭一样，都不认为私有权是天赋的权利，而是将其看作历史发展到一定阶段的产物。但是，在考察私有权的过程中，卢梭将其归为政治和法的范畴，马克思则将其定位于政治经济学的范畴。卢梭是最早对私有制提出批判的政治哲学家，他认为私有财产的出现是人类走向不平等的根源，马克思继承了卢梭的这一思想，然而不同的是，卢梭并没有主张消灭私有制，而是主张通过契约成立国家保护私有财产。马克思则站在唯物史观的立场明确提出要废除私有制，消灭分工，提出共产主义是人类未来社会的必由之路。

马克思肯定并继承了黑格尔的国家和市民社会相分离的思路，认为人们只有在市民社会中作为成员才涉及财产的权利问题，但是作为市民社会的成员是脱离国家这个共同体的个体，这个权利是自私自利的权利，而私有财产则是人的异化的表现。马克思像卢梭、蒲鲁东等人一样认识到私有财产给人类社会带来的灾难，也同黑格尔一样认识到私有财产所蕴藏的人的力量，因此马克思主张的是扬弃私有财产。随着马克思深入研究政治经济学，他从历史唯物主义的角度揭示私有财产的真相和悖谬。

马克思针对蒲鲁东所写的《贫困的哲学》将经济问题理解为观念的历史演进，认为蒲鲁东是对黑格尔拙劣的模仿，并对其做出批判，为唯物史观的创立准备了理论基础。马克思对蒲鲁东展开系

---

① 《马克思恩格斯文集》（第 1 卷），人民出版社 2009 年版，第 166 页。

的批判，认为资产阶级的财产权放在历史发展的趋势下将被自动摧毁，从历史唯物主义的角度指出资本主义私有制和生产关系不是永恒的，而是随着历史的发展必然走向灭亡的。随后，马克思进一步对财产权问题进行历史性的解释，主要在生产的领域对其展开批判。劳动与财产相分离、财产转化为资本，导致在生产过程中拥有财产权的资本家和出卖劳动的雇佣工人完全对立，这也是资本主义社会的主要矛盾。

马克思认为资本和劳动一开始是统一的，随着历史的发展，他们才逐渐分离到互相排斥，劳动本身分化为劳动和工资。工人和资本家的对立就是劳动和资本的对立，工人在异化劳动中失去了人的内在的本质，要实现对人自身的真正的占有和复归，就要通过共产主义对私有财产，即人的自我异化的积极扬弃。① 在之后马克思对政治经济学的批判中，更加深入地揭示私有财产的本质和详细论证扬弃私有财产的途径。

马克思指出，资本增殖的同时，劳动者的生存状况也越来越艰难，资本的本性就是扩大生产，在流通领域实现其价值，但是由于资本主义的内在矛盾，容易产生生产过剩的结果。马克思强调资本一开始就包含自我否定的内容，我们要消灭资本，首先是消灭劳动与资本的分离，使财产转为劳动者的财富，这就需要大大提高生产力，社会的物质财富极大丰富之后，才能进一步实现私有财产的自我扬弃。

在马克思看来，共产主义是积极的财产共同所有，实际上也是个人所有，个人所有制与私有制有着本质上的不同，个人所有制的个人是联合起来的个人。在共产主义的初级阶段，生产资料归社会共有，个人以按劳分配的形式获得"私有财产"。私有财产失去了消极的社会功能，保留了积极的个人所有的功能。在真正的共产主义

---

① 《马克思恩格斯文集》（第 1 卷），人民出版社 2009 年版，第 185 页。

社会中，社会根据个人需要自动调节生产、分配产品，不再存在私有财产，只有财产形态的存在，最终实现私有财产的真正扬弃。

第四节　马克思人民主权理论的重塑

卢梭是人民主权学说的创始人，提出权力归属于人民是其公意思想的必然要求，最终目标是实现人的自由和平等。但是由于其理论的抽象性，导致无论是民主的，还是专制的都利用公意和主权理论为自身服务。康德发展了卢梭的人民主权理论，但是存在事实主权和理想主权二元论的问题。黑格尔将法国大革命的恐怖原因指向卢梭的人民主权所导致的绝对自由，针对卢梭的契约思想和主权理论进行了批判，并提出了国家主权理论。

展现在马克思面前的人民主权思想的理论资源是从卢梭经过康德到黑格尔的思想发展的全过程，马克思吸收了卢梭人民主权学说的精华，将其抽象的公意思想落到了实处；批判了康德人民思想的局限性，将人民主权具体到无产阶级民主；揭露了黑格尔国家主权的虚幻性和神秘性，将黑格尔所论述的国家与市民社会的关系重新颠倒过来，对理性主义哲学进行批判，克服了资产阶级民主的局限性，结合欧洲工人运动及无产阶级生存境况，提出了无产阶级的人民主权的新理论模式。

一　近代民主理论的缺陷

在卢梭之前流行的是君主主权论，近代的代表人物是霍布斯，从自然状态中人的利己本能出发，通过自私的个人为自己的利益不受侵犯而达成的契约，从众多冲突的意志形成一个单一意志的国家，而主权者是不受契约制约的第三方君主。不受任何监督和制约的君主主权必然倒退到古典专制主义国家的地步。洛克继承了霍布斯的自然状态和社会契约，与之不同的是，洛克的君主是受到契约制约的，在他这里主权主要是指立法权，洛克将立法权交给议会，然后又强调议会的权力是有限的，如果它出现严重违背全体人民意志的情况，人民的意志才是最终的决定力量，而人民的这种主权不到政府解体这种极端形势时是不能发挥作用的。在洛克的主权理论中，既有国家主权也有人民主权，但是二者不能同时行使主权，为卢梭的人民主权思想提供了理论资源。

公意是卢梭人民主权理论的基础，在公意的指导下每个人都与自己签订契约，因此，对个人来说，他是主权者的一个成员；而对于主权者来说，他又是国家的一个成员。① 在卢梭的共同体中，个人与共同体因共同的利益而紧密结合在一起，人民主权是公意的代表，体现了其成员的自由与平等。按照卢梭的观点，主权是不能分割、不可转让，也不能被代表，且永远是正确的，政府与主权是不同的，政府只是起到作为主权者和公民之间中介的作用，是为人民服务的机构。卢梭的人民主权说实现了主权思想的第一次超越，但是无论是人民主权之基础，还是实现的方式都存在很大的缺陷。

首先，作为人民主权的基础的"公意"被大家质疑最多，卢梭虽然将公意与众意做出严格区分，但是在现实的政治生活中这是难以实现的，个人的意志和集团的利益不可能被抽象为一个统一的公意。贡斯当在《古代人的自由与现代人的自由》中提出，如果将个人权利全部转让，人们就会为了一个抽象的存在而放弃自己已有的所有权利，人民只能被迫变成臣民而不可能是公民。卢梭的人民主权很容易被别有用心的野心家利用发展成绝对的主权者，以人民的名义享受着至高无上的权力，而将人民当作奴仆。卢梭的主权者不是具体的个人和机构，而是一个抽象的人格，当公民大会召开时享

---

① ［法］卢梭：《卢梭全集》（第 4 卷），李平沤译，商务印书馆 2012 年版，第 33 页。

有人民主权的功能，但是公民大会本身的实现需要小国寡民的各种条件，甚至卢梭也觉得不可能存在真正的民主制。

其次，契约中权利的转让是部分转让还是全部转让有待确证。按照卢梭在《社会契约论》中的思想，个人将自己的全部权利转让给共同体，共同体来保障其成员的利益。罗素在《西方哲学史》中评价卢梭的全部转让观点，认为这相当于完全放弃了自由，放弃了人权。然而，卢梭却在"论主权权力的界限"一章中，区分了公共的人格的主权和公民的权利，又提出"每个人由于社会公约而转让出去的自己的一切权力、财富、自由，仅仅是全部之中其用途对于集体有重要关系的那部分"[①]，"主权权力虽然是完全绝对的、完全神圣的、完全不可侵犯的，却不会超出、也不能超出公共约定的界限；并且人人都可以任意处置这种约定所留给自己的财富和自由"[②]。这些文本的冲突导致卢梭的人民主权说在理论上的困境，他自己也承认自我矛盾之处，认为这是言语上的贫乏所造成的。

卢梭的人民主权说是对霍布斯和洛克的自然状态、社会契约、自由主义的继承和超越，但是由于过于抽象的公意基础和如何转让权利的矛盾，致使其人民主权的空想性无法落实。卢梭的人民主权学说在后世引发巨大的反响，批评者与追随者同样狂热。康德对卢梭的公意理论和社会契约不断进行丰富和完善，在后期又提出具体的制度设计以保证公民社会的政治目标，可以说是对卢梭激进的人民主权思想做了修正。卢梭的人民主权学说受到黑格尔的坚决反对和强烈批判，后者将法国大革命的恐怖归为追求绝对的自由的结果，主张实行君主立宪制。马克思对卢梭的人民主权说却是赞赏的，特

---

① ［法］卢梭：《卢梭全集》（第 4 卷），李平沤译，商务印书馆 2012 年版，第 38 页。

② ［法］卢梭：《卢梭全集》（第 4 卷），李平沤译，商务印书馆 2012 年版，第 41 页。

别是在早期的《黑格尔法哲学批判》中，利用卢梭的思想反对黑格尔的理性国家观，被德拉-沃尔佩称为"一部充斥着卢梭的人民主权说的著作"。马克思利用卢梭的人民主权思想批判了黑格尔的法哲学，并发展和完善了人民主权的制度保障和与之适应的经济所有制形式，真正地实现了人民主权。

二　康德人民主权理论的二元论问题

康德深受卢梭影响，从对理性知识的研究转向对人性的讨论，以卢梭的公意思想为出发点建设自己的道德的形而上学，最终形成一整套伦理体系，到了晚年又转到具体事务的政治上来。康德试图在自由与理性之间寻找平衡点，并将道德基础重新建立在理性之上，提出"人是目的而不是手段"的主张。康德从自由主义的角度对卢梭的人民主权理论进行解读和延伸，他认可卢梭的国家主权属于人民，但是康德所描述的人民并不包括劳动者和社会底层的人们，而主要为资产阶级。康德为卢梭的道德政治增加了先验基础，并通过自己的两条道德律令完成了对人民主权说的温和论证，但是在实践中还是否定了公意，将暴力作为国家的基础。

康德的法哲学是以道德哲学为基础的，以此论证了政治和法律的合法性。根据康德的道德理论，决定行为的意志动机是先天普遍的，而不是主观经验的，因此它能使人们超越利益和经验的限制，以自由作为道德法则的存在根据。在康德看来，自由是不可认识的，但是可以被思想着的存在，自由和道德法则似乎是互为存在的前提。在康德的伦理学中，道德法则是一个普遍存在的客观的法则，每个人用这个普遍有效的法则决定自己的意志，遵守自己为自己确立的法则。康德通过自己的一套伦理学体系论证了人是可以摆脱自私自利的天性和超越资产者的利益动机的，人具有绝对自由的意志，是高尚和有尊严的。康德彻底拒绝自然法和自然主义，主张善是理性的产物并非出于自然，人要维护自己的尊严和独立就应该借助理性摆脱自然，成为自己真正的主人。

既然人是自由的，那么互相冲突的个体意志如何实现共存？在这个问题上，康德继承了卢梭的社会契约论，但是并非卢梭的"全部转让"，而是洛克的"部分转让"。然而，康德认为原始的契约并非历史的真实存在，而只能作为理性观念上的逻辑基础。康德认识到建立在公意基础上的国家的不现实性，为卢梭的公意思想进行了先验阐释，将个人义务直接归于理性的定言命令。卢梭的公共意志在康德那里转变为"善良意志"，二者思想具有直接相关性，具体表现为：康德的"知性为自我立法"的道德行动与卢梭因公意而服从自己为自己所制定的法律的政治行为的思路是一致的。康德沿着卢梭所开辟的道路继续探索道德的自我实现，提出了著名的三条道德律令。康德晚年深受法国大革命造成群众暴动后果的影响，认识到了先验的道德在现实中是不够的，需要加以制度的规范和保障，致力于构建理想政体。

康德主张实行共和政体，以此保障人民的权利，认为统治者的权力应该建立在被统治者同意的基础上，他的人民概念延续了卢梭的思想，但主要作为抽象的公共意志而存在。共和政体遵循的是孟德斯鸠的分权原则，通过权力的分立达到相互制衡的目的，康德通过自我立法体现公共意志，从而实现契约的建立，而这个公共的意志受到实践理性的控制。康德通过对共和制和代议制的论述，得出的是统治权和立法权、行政权等国家权力不受限制的结论，实际上是在为君主制作辩护。尽管康德赞同国家主权属于人民，但是人民不能随意推翻政权，他反对以暴力的形式进行任何革命，而只能进行自上而下的改良，主张公民的个人权利应该服从国家的权力。康德认识到卢梭的公意在现实中具有不可操作性，认为直接民主不可能实现，法律也不能通过全体人民来制定，而是需要委任代理人，因此认为代议制作为民主的方式最为理想。康德在一定程度上克服了卢梭人民主权理论的激进和由此带来的暴民专政的可能，为现代民主的生成作出重要的贡献。

康德的政治哲学存在二元论的问题，在人民主权思想方面也存在理想主权和事实主权的两面性问题，一方面他主张主权来源于普遍联合的意志，来自契约；另一方面他认为事实的主权是暴力和理性的结合。康德坚持统治者的权力不可限制，甚至凌驾于法律之上，将统治者和普通群众划清界限，人民对统治者只有批评和消极反抗的权利。康德区分了积极公民和消极公民，实际上默认了不平等，其人民主权思想中存在明显的分歧和矛盾，体现了德国当时资产阶级的局限性和不彻底性。康德的法哲学承继了西方古典理性主义政治传统和近代契约论思想，他肯定了启蒙思想的法治精神和政治权利，其人民主权思想是对卢梭理论的修正和发展，同时也为黑格尔和马克思留下了批判和改造的空间。

二　黑格尔国家主权理论的僭越

黑格尔对近代以来流行的自然权利和社会契约思潮进行了批判，认为人的自由和平等权利不是自然状态下存在的，而是历史长期发展演变而来的产物，这些个人的权利需要得到国家和社会的认可；契约是从任意出发的，个体之间的约定体现的是个人的意志，体现的是个人的权利和个人主义，将国家看作单个人的联合，国家就会变成追求个人利益的工具，从而失去其客观属性。黑格尔意识到了卢梭建立在社会契约关系之上的人民主权国家学说的弱点和缺陷，也继承并改造了公意理论，以国家主权取代了卢梭的人民主权。黑格尔的"国家主权"思想与其国家观是密不可分的，他以"伦理"国家取代了传统的"契约"国家，从而消解了重视个人权利的自由主义，而转向代表绝对精神的国家，并将国家的主权具体落实在现实的君主身上。

黑格尔对国家与个人的关系进行不同于自由主义者的重新理解和阐述，他认为传统的契约论是在个人主义视角下理解的个人与国家的关系，没有将社会与国家做出区分。在黑格尔的国家主权理论中，国家是至高无上的代表普遍意志的存在，是伦理理念的现实，它是超越于一切个人的私利，它做到了主观意志与普遍物的真正的统一。黑格尔站在国家主义的立场认为，与国家相比，个人和市民社会都是特殊的群体和偶然的存在，代表的是特殊利益，必然受到代表普遍利益的国家的制约和支配。在黑格尔的政治哲学中，个人的权利取决于为国家所尽的义务，从近代以来的自由主义转向国家主义，从个人权利本位转向国家整体和民族精神。个人只有成为国家的公民才能被视为真正的人。[①] 在黑格尔看来，国家不仅是一个有机体，还具有法律上的最高人格，他坚持主权应归属于国家，他意识到像卢梭一样将主权赋予一个抽象的道德人格是具有空想性而无法实现的，因此他把主权的承担者确定为现实的君主，国家的主权通过君主体现出来。黑格尔指出，如果没有君主，人民就是一群无定形的东西。没有君主，国家也就不成其为国家，人民也就什么也不是。在这里，黑格尔将卢梭的人民主权与霍布斯的君主专制综合在一起，提出了具有独特内涵的国家主权理论。

国家主权原则从国际法角度来看已被认可，"国家"主权只是用国家这一法律人格与活的有机体取代了"人民"而已。[②] 在黑格尔的国家主权理论中，国家人格说可以追溯到古典主权时期，他们认为国家不是由人的意志所建构的，而是强调了政治生活的自然因素，

---

① 李婷：《论人民主权思想的发展脉络——从卢梭到马克思》，博士学位论文，南京师范大学，2014 年，第 116 页。

② 李婷：《黑格尔法哲学中的主权观及其归属》，《宁夏社会科学》2017年第 5 期。

国家的主权来自它自身这个有机体。国家代表的是普遍的利益和最终的目的，个人对国家只有服从的义务，否定了长期以来权利本位的观念，以此否定了卢梭以来的人民主权说。黑格尔认识到卢梭主权学说的空洞和形式主义，避免将主权赋予一个抽象的人格，而是交给具体的君主，从而退回到君主主权上来。

黑格尔的国家主权学说成为马克思民主思想直接的来源及批判的对象。马克思深受法国大革命的影响，在克罗茨纳赫时期认真研究法国大革命的历史，《黑格尔法哲学批判》就是在这个时期写作而成，被德拉-沃尔佩称为"一部充斥着卢梭的人民主权说的著作"。黑格尔在马克思对卢梭人民主权说的继承和批判中起到了一个中介的作用，马克思用人民主权反对黑格尔的国家王权和君主制度，进而又对民主制进行深入的阐释，区分了资产阶级民主和无产阶级民主，指出无产阶级的民主可以实现公权力和人民一般权利的统一。

三　无产阶级民主理论的生成

马克思早期从个人权利的角度思考人民主权问题，在《莱茵报》时期他认为出版自由作为公民的基本权利不应该被剥夺，如果丧失这一基本权利，就不可能享有国家的主权；相反，如果人民不享有国家的主权，就不能拥有一般的基本权利。萨拜因认为马克思主权理论与卢梭、康德的主权观是一脉相承的。在深入研究卢梭人民主权学说后，马克思运用卢梭的人民主权思想批判了黑格尔的国家主权理论。可以说，卢梭的人民主权学说为马克思人民主权思想准备了理论前提，但是由于他们所处的历史环境和理论背景的不同，存在明显的差别和根本性的内在超越。

相较卢梭而言，马克思所生活的时代，资本主义的各种弊端逐渐暴露，除了理性主义的启蒙思潮外还有德国古典哲学以及各种社会主义思潮的理论背景。而卢梭由于受到时代的限制，仍然是小资产阶级利益的代表，其人民主权理论建立在抽象的人性论基础之上，主权的归属并不在于全体人民，而是将社会的大多数人排除在了人民之外。因此，卢梭的人民主权中国家的权力来源于人民，却维护了少数人的利益，自由和平等也只能表现为形式上的。马克思对人民的范畴进行了扩大和阐释，在《黑格尔法哲学批判》中以卢梭人民主权说为参考系地批判了黑格尔的唯心主义国家观以及国家主权理论，提出了真正的民主制。1848 年马克思通过亲身参与革命实践活动，认识到资产阶级革命具有妥协和不彻底性，主张应该将革命进行到底，进而在《法兰西内战》中特别批判了卢梭式的资产阶级的民主。黑格尔在马克思对卢梭人民主权说的继承和批判中起到了一个中介的作用，马克思用人民主权反对黑格尔的国家王权和君主制度，进而又对民主制进行深入的阐释，区分了资产阶级民主和无产阶级民主，指出无产阶级的民主可以实现公权力和人民一般权利的统一。马克思将卢梭的人民民主思想落实到了现实中，提出通过无产阶级革命实现人民自主管理的方式实现民主，并且在经济上要求改变与之相适应的所有制形式，形成了关于无产阶级民主的崭新论断。

马克思和卢梭的人民主权中都主张人民具有革命的权利，有权推翻压迫人民的政府，马克思看到资本主义制度下人们生活在水深火热之中，将希望寄托在无产阶级身上。马克思通过巴黎公社的社会主义实践系统阐述人民主权思想。马克思高度赞扬了巴黎公社这个世界上的第一个无产阶级政权，"公社的存在本身就意味着那至少在欧洲是阶级统治的真正赘瘤和不可或缺的外衣的君主制已不复存在。公社共和国奠定了真正民主制度的基础"①。马克思认为公社存在的前提是劳动在经济上获得解放，只有每个人都变成工人，生产劳动才能不再具有一种阶级属性。巴黎公社在经济上的目标是消灭

---

① 《马克思恩格斯文集》（第 3 卷），人民出版社 2009 年版，第 157 页。

阶级所有制，剥夺剥夺者，"想要把现在主要用作奴役和剥削劳动的手段的生产资料，即土地和资本完全变成自由的和联合的劳动的工具，从而使个人所有制成为现实"①，这同马克思对共产主义的设想是一致的。

在马克思、恩格斯看来，民主共和国是资本主义的最高统治形式，也是最后的形式，资产阶级必将被无产阶级的统治所取代，当无产阶级取得政权后，也应该采取无产阶级民主共和国的形式。马克思的民主共和国思想在《1848—1850法兰西阶级斗争》中首次提出，在《法兰西内战》中有了更进一步的丰富和完善。巴黎公社是无产阶级的人民主权，它是真正的工人阶级的民主共和国，是劳动获得了解放的政治形式。巴黎公社在政治上实行人民普选制，它把行政、司法和国民教育方面的一切职位交给由普选选出的人担任，而且规定选举者可以随时撤换被选举者。②此外，公职人员与工人发放相同的工资，这样才能避免公职人员成为人民的主人，保证作为人民的公仆。公社制定了严格的普选制度，消除等级制，公职人员受到人民的监督，充分体现出人民自我管理的民主精神。马克思提出了资本主义社会和共产主义社会之间的政治过渡期，指出这个时期的国家只能是无产阶级的革命专政。③可见，在马克思看来，无产阶级专政是实现人民民主的必由之路，也是人类实现解放的必然阶段。

马克思通过巴黎公社的民主模式展示了人民民主的主要内容和实质，也对其失败进行反思，指出了应该处理好民主和专政、集中之间的关系，形成强有力的领导核心。马克思的无产阶级的民主思想是对卢梭人民主权说的实质性的超越，他将人民群众作为历史的

① 《马克思恩格斯文集》（第3卷），人民出版社2009年版，第158页。
② 《马克思恩格斯文集》（第3卷），人民出版社2009年版，第111页。
③ 《马克思恩格斯文集》（第3卷），人民出版社2009年版，第445页。

主体，丰富了以人民群众为中心的唯物史观理论内容。

马克思吸收了卢梭和康德式的人民主权思想的自由前提以及黑格尔法哲学思想的合理之处，创立了在历史唯物主义基础之上的人民主权理论。马克思的人民主权思想作为现代民主制度的理论基石，对于中国式现代化政治制度的发展有着重要的理论价值和实践指导作用。马克思民主思想指出，社会主义民主需要无产阶级政党的领导，因此我们应该坚定不移地坚持中国共产党的领导。新时代以来，我们提出了全过程人民民主，它更为充分和有效地保障了人民的权利，保证人民当家作主，是对马克思民主思想的继承和发展。

本章小结

本章主要从几个重要主题——国家观、自由观、私有财产和人民主权，分析马克思哲学思想中的卢梭因素，这些研究主题都是卢梭公意概念的展开和深化，演变为康德的善良意志、黑格尔的普遍意志，最后到马克思的物质利益，具有内在连续性与继承性。从卢梭到马克思的继承和演变，在马克思对卢梭思想的处理问题上，康德和黑格尔起到了重要的参考作用。

卢梭的契约论国家观试图通过公意建立新的契约关系形成共同体，康德以先验自由作为公意的前提，论证法治国家的必要性。黑格尔认为契约是任意的，不能用于国家之中，国家是伦理理念的现实。契约论是近代政治哲学关于国家思想的代表性理论，卢梭更是社会契约论的代表人物，他的契约论国家观被康德所继承和发展，也招致了黑格尔对契约论的批判。马克思批判地吸收了卢梭的人民民主理论及黑格尔的理性国家观，结合政治经济学和唯物史观哲学，发展了自己的国家学说，提出国家消亡的科学预见。马克思运用卢梭的思路对黑格尔的理性主义国家观进行反思，同时克服了卢梭的资产阶级民主的局限性，主张实行无产阶级民主。马克思最后对资本主义生产力和生产关系进行论证，消灭私有制之后，无须国家机器维护阶级统治，科学揭示了国家消亡的必然性和现实性，符合人类历史发展的规律。马克思站在唯物史观的立场，认为国家作为人类社会发展过程中的一个环节，是有其产生、发展、灭亡的过程的，消解了黑格尔国家永恒的神话。

卢梭与马克思的哲学最终目标都是实现自由，卢梭意图通过公意形成道德共同体，由于缺乏社会现实性而无法操作；康德为卢梭的自由提供了先验证明，却依然形式化，不具有具体内容；黑格尔将自由具体化，并通过概念的逻辑推理，从家庭、市民社会向国家升华，最终将国家看作具体自由的现实化。马克思直指黑格尔的国家观，从唯物主义立场出发，建构了唯物史观视域下的自由观，超越了卢梭、康德、黑格尔抽象的自由，确立了人的全面发展为内容的全新的自由观。自由是卢梭政治哲学的终极追求，康德欣赏并继承了卢梭的自由思想，并为其提供先验基础，黑格尔批判了康德缺乏内容的形式主义自由，提出具体自由的思想。这些自由观共同作为马克思的思想资源，随着马克思主义辩证法的确立，最终形成了人的全面发展为内容的全新自由观。

在对私有财产的批判方面，卢梭虽然认为私有财产是不平等的原因，但是并不主张消灭私有财产，而是采取保护私有财产的方式。康德批判了卢梭的财产权理论，将财产权与自由联系在一起，认为它是人格自由的表现。黑格尔继续批判康德的先验的主观的财产权理论，提出财产权应该具有实体性的内容。马克思突破了传统的政治哲学从法律的角度揭示私有权的起源的限制，他认为法律关系是由经济关系决定的，因此私有权是经济关系在法律和政治上的表现形式，赋予了私有权以生产的维度和历史性。马克思指出了卢梭财产权出现的根源性错误，提出财产权是从经济关系而不是法的关系，共产主义就是要扬弃私有财产。

在人民主权理论发展方面，卢梭可以说是创始人，但是也存在理论的缺陷，黑格尔以国家主权代替卢梭的人民主权，马克思对此强烈反对，并区分了资产阶级民主和无产阶级民主，指出无产阶级专政是实现人民民主的必由之路，对卢梭的人民主权说具有实质性的超越。马克思将卢梭的人民民主思想落实到了现实中，提出通过无产阶级革命实现人民自主管理的方式实现民主，并且在经济上要求改变与之相适应的所有制形式，形成了关于无产阶级民主的崭新论断。马克思通过巴黎公社的民主模式展示了人民民主的主要内容和实质，也对其失败进行反思，指出了应该处理好民主和专政、集中之间的关系，形成强有力的领导核心。马克思的无产阶级的民主思想是对卢梭人民主权说的实质性的超越，将人民群众作为历史的主体，丰富了以人民群众为中心的唯物史观理论内容。

马克思和卢梭的思想关系的分析是复杂的，一些由卢梭开创的问题域要结合康德和黑格尔的思想脉络，到马克思那里形成综合的结论和观点，再与卢梭思想进行比较。按照这一思路，下一章将对马克思与卢梭思想关系进行总结。

第五章　卢梭的政治哲学和马克思的
唯物史观

马克思和卢梭的思想关系显然是继承与超越并存，其中卢梭的政治哲学是马克思思想理论的重要来源，卢梭也是马克思思想转变过程中的关键性人物。更为重要的是，二者的思想关系直接影响到我们对马克思哲学思想实质的时代性把握。总体而言，卢梭的思想在本质上是政治哲学，马克思的哲学思想实质上是唯物史观，政治哲学是青年马克思思想形成中不可逾越的一个特定的阶段。马克思的政治哲学最终落脚于唯物史观，将卢梭未竟的自由平等事业和社会国家蓝图加以科学规划，实现了对卢梭政治哲学的根本性超越，同时也"终结"了德国古典哲学。本章将在政治哲学和唯物史观的宏大视域中，尝试厘清马克思和卢梭的思想关系。

第一节　开放性议题的共同走向

马克思在《论蒲鲁东》（给约·巴·施韦泽的信）中，提道："人们常常拿蒲鲁东和卢梭相比。没有比这更错误的了。"① 在这封以批判蒲鲁东为主题的信中，马克思通过表达蒲鲁东不能与卢梭相比，体现出对卢梭的赞赏，在这封信的后面他还写道："卢梭这样的

---

① 《马克思恩格斯文集》（第 3 卷），人民出版社 2009 年版，第 23 页。

人不断避免向现存政权作任何即使是表面妥协……"① 这是马克思对卢梭的评价,在我们看来也是对马克思的评价。马克思和卢梭虽然时隔一个世纪,但是他们有很多相似之处:他们本可以舒适地享受生活,却偏偏选择了为人们的幸福而进行斗争,在斗争的过程中,他们从不同的角度对启蒙和现代性进行了激烈的批判;都主张尊重自然,主张人与自然和谐相处;坚持从经济上寻找政治的原因。这些共同的议题在卢梭和马克思的文本中含蓄地保留下来,因其开放性,直到今天依然发挥着重要的作用和影响。

一 对现代性的批判

现代性源于启蒙,在启蒙精神的指引下,它孕育和创造了丰富的现代性成果,极大地提升了人类的知识水平,促进科学技术的发展,推动世界的文明的前进。然而,与此同时,现代性也给世界带来了前所未有的考验和灾难,资产阶级的贪婪和唯利是图的本性愈加彰显,资本主义强国的殖民扩张使世界陷入灾难,人类陷入空前的精神危机,工具理性渗入人们的日常生活中。卢梭和马克思都意识到了现代性必然走向危机,从不同的角度和方式对其展开批判,在现代性的批判和拯救的道路上不断出现追随者,例如西美尔、韦伯、卢卡奇、哈贝马斯……

卢梭生活在封建社会衰落、资本主义还未兴起的时代,启蒙运动方兴未艾,现代性还没有充分显现,彼时他就预见性地意识到现代性所带来的种种问题,被施特劳斯称为现代性批判的第一人。卢梭的第一篇第戎学院获奖论文《论科学与艺术》,前所未有地认为科学与艺术的进步会导致道德的堕落,从而造成社会苦难,阻碍其发展进步,卢梭对现代性的批判也就此开始。卢梭在文中写道:"随着

---

① 《马克思恩格斯文集》(第3卷),人民出版社2009年版,第24页。

科学的光辉升起在地平线上，我们的道德便黯然失色了。"① 他以古代的埃及、希腊、雅典等国家为例，认为它们的兴旺繁荣正是因为它们注重美德，也因滋生艺术的奢侈之风而衰落。科学的探索会让人们在追求真理的路上付出代价，得不偿失。现代性的根源是私有财产的出现和资本主义制度的确立，除了科学和艺术，卢梭对资本主义和私有制也进行了强烈的批判。

在《论政治经济学》中，卢梭指出穷人被钱财所奴役，失去自由，"穷人的损失不像富人的损失那样容易弥补……每一个铜板有时候比第二个百万银元还难挣"②，贫富的差距破坏了人们对幸福的感受力。马克思也意识到这样的问题，在《1844年经济学哲学手稿》中，他分析了工人因异化劳动而贫困，丧失了人的自由自觉劳动的本质，在《资本论》中他除了将富人替换成资本家，原封不动地用了卢梭在《论政治经济学》中的一段对富人的批判：资本家说如果你们把仅有的一点东西交给我，作为我辛苦指挥你们的报酬，我就让你们得到为我服务的荣幸。③ 马克思虽然用"资本家"这一带有唯物主义概念的词替换了带有感情色彩的"富人"，但是二人所表达的对拥有财产的富人的不满和愤恨是一样的。卢梭最早赋予布尔乔亚（资产者）以负面的意义，认为是现代政治所造就了这类人。布尔乔亚是卢梭考察现代性中人类状况的真正出发点，从这里出发，卢梭诊断了现代性的病源所在。④ 马克思对市民社会的批判虽然以黑格尔的市民社会与国家的关系为切入点，但是他们对市民社会与国

---

① ［法］卢梭：《卢梭全集》（第4卷），李平沤译，商务印书馆2012年版，第114页。

② ［法］卢梭：《卢梭全集》（第4卷），李平沤译，商务印书馆2012年版，第250页。

③ 《马克思恩格斯文集》（第5卷），人民出版社2009年版，第856页。

④ ［美］布鲁姆：《巨人与侏儒——布鲁姆文集》，秦露、林国荣、严蓓雯等译，华夏出版社2003年版，第205页。

家的分离是继承卢梭观点的，马克思对市民社会的批判也与卢梭的资产者批评具有一致性。

黑格尔也同样对现代性问题进行深刻反思和批判，他表达了主体性原则的确立是导致现代性危机的原因，其根本特征是"分裂"。黑格尔重建主客统一、追求整体性的哲学对马克思产生了深远影响，其最重要的理性与现实同一的原则，也是马克思的原则①。与黑格尔不同的是，马克思并未将现代性问题归咎为思想上的分裂，而是现实中的分裂。

马克思将异化看作现代性的本质特征，在《论犹太人问题》中，他提出金钱使人和人的劳动同人本身相异化，并让人对其顶礼膜拜。在《1844年经济学哲学手稿》中，马克思将资本主义社会中的异化劳动表达得淋漓尽致，深刻反映了现代性社会人亲手创造出摧毁自己的力量这一特质。马克思对异化的阐发和对资本主义的批判基本沿袭了卢梭的观点，卢梭分析了现代社会促使人的欲望不断扩大，需求越来越不容易满足，人们离自己的原始状态和自由越来越远，被金钱和利益所深深束缚。马克思对将黑格尔的主体性原则具体为资本作为主体的原则进行揭示和批判，在《资本论》中马克思深入资本主义生产的内在结构，揭露商品拜物教的本性，以及资本家利用剩余价值对工人进行剥削的秘密，并指出了资本主义是包含自我否定的因素，必将走向灭亡。《资本论》对现代性的批判不仅指明了资本对人的统治和奴役，而且揭示了资本逻辑的内在否定因素，他不仅仅停留于人性和道德的分析，同时在政治经济学背景下对资本主义制度的内在矛盾进行诠释，找出扬弃现代性的出路，具有从根本上瓦解现代性体系的革命性意义。

马克思对现代文明的批判是彻底的，揭露了资本主义文明的思

① ［德］卡尔·洛维特：《从黑格尔到尼采》，李秋零译，生活·读书·新知三联书店2006年版，第125页。

想根基是形而上学的思维方式以及现实中导致的片面式发展。马克思对现代性的批判不仅是理论的还是实践的，不仅克服了卢梭的浪漫主义抽象的现代性批判，而且通过唯物史观视域下的科学论证，主张消灭现代性所产生的基础私有制，要求消除阶级对立，从而实现对资本主义制度彻底的革命和超越，形成关怀全人类新的文明形态。

二　对自然的态度

卢梭对现代性的批判很大程度上源于对自然状态的赞赏，在他看来，自然是与文明相对的，在《论不平等》中，他描述了自然状态的美好，表达了对自然的爱和对原始状态的怀念。卢梭认为自然首先是物质性的存在，而物质世界是客观存在的，在关于物质性上他也具有唯物主义立场。此外，卢梭还分别指出各种器官在认识事物过程中发挥的功能，强调感觉的作用，在认识论上属于唯物主义感觉经验论。

在为狄德罗的《百科全书》所写的"政治经济学"词条一书——《论政治经济学》中，卢梭并没有涉及经济学原理，而是指出经济学的目的是人们的幸福，是人的自然情感所带来的存在感。这种感觉不同于快乐、不同于那些后天的奢侈享受在人心中造成的转瞬即逝的变化，而是指那些亲自感受的人才有的永恒的内在的感觉。① 在《爱弥儿》中，卢梭指出我们的感觉是与生俱来的，通过感觉感受周围的事物，形成我们的各种认知。在儿童的世界中只有感性，他们凭借各种感觉去探索世界，获得知识。人的感觉是概念形成之前就已经具备了的，行为也会受到感觉的支配，理性是成人才有的。在教育儿童的过程中，卢梭主张自然教育法，尊重自然生长规律，根据儿童在不同年龄的思维和心理特点发展不同的能力，

---

① ［法］卢梭：《卢梭全集》（第 5 卷），李平沤译，商务印书馆 2012 年版，第 574 页。

如果我们没有按照这一自然规律就会造成一些年纪轻轻的博士和老态龙钟的儿童。卢梭认为在人的自然情感中，自爱心和怜悯心是最初的情感，因为具备这两种情感，人与人之间便不是霍布斯所说的敌对状态，出自自然的人是好的，是社会把人变坏了。在卢梭的自传《忏悔录》中，他如实地表达了自己的感觉和情感，保持他一贯的天然淳朴气质，践行了自己回归自然的口号。回归自然并不是像狄德罗所讽刺的卢梭回到四条腿走路的状态，而是倡导尊重、顺应自然，据守大自然给人所安排的位置，将人看成是整个自然生态系统中的一分子，与自然和谐共处，在社会生活中自由平等。卢梭回归自然的主张，拉开了生态浪漫主义的序幕，揭露了人类对自然的破坏的时代弊病。

卢梭的关于自然的相关论述触及马克思主义生态学的核心观点，卢梭作为先行者，在工业文明并未产生冲击性影响之前，就已昭示了未来人与自然的相处模式，成为生态文明思想的先驱。

马克思以唯物主义的立场说明自然界是先于人类而自然生成的，也认同人与自然是生命共同体的关系，在《1844 年经济学哲学手稿》中强调人是依靠自然界而生存的，是直接的并受限制的自然存在物，自然界是人的无机的身体，只有不断与自然进行交流才能维持人的正常活动，"没有自然界，没有感性的外部世界……工人的劳动从中生产出和借以生产出自己的产品的材料"①。马克思也与卢梭一样重视人的感觉，在他所论述的共产主义运动扬弃私有财产的过程中，就是使人的感觉和特性能够得到彻底的解放，使感觉成为人的感觉，使需要成为人的需要。马克思在批判费尔巴哈时指出：费尔巴哈考察自然界的方式是直观的，把感性的世界当作现成的东西，而不是从历史和人的感性活动中去理解自然界。离开了人的实践的自然是抽象的自然，马克思将自然界看作人的现实的自然界，这也

---

① 《马克思恩格斯文集》（第 1 卷），人民出版社 2009 年版，第 158 页。

是他区别于旧唯物主义的地方。

马克思和恩格斯意识到了资本主义生产过程中对自然和生态所造成的破坏，恩格斯在《自然辩证法》中发出这样的警告："我们不要过分陶醉于我们人类对自然界的胜利。对于每一次这样的胜利，自然界都对我们进行报复。"① 马克思主义自然观要求我们反思人类的实践方式，合理发挥人的主体性作用。

马克思与卢梭都主张对自然应该尊重、与之和谐相处，人生的幸福就在于自然情感的实现，他们都重视内心的感觉，极力反对资本主义的奢侈享受和铺张浪费，以自然为限度节制欲望。马克思认为自然是资本主义生产原材料的提供者，然而资本的贪婪导致人类对自然资源大加采伐和利用，超出自然界承受的限度，对环境造成不可逆转的破坏和伤害。马克思揭示了资本的本性是与自然相对立的，资本家对利益的追逐必然引发经济危机与生态危机，解决的方法就是消灭私有财产和私有制，改变资本主义的生产方式。

尽管在马克思的时代还没有出现生态危机的问题，但是他认识到了资本主义的内在矛盾所蕴藏的危机，而生态危机也是资本主义危机暴露出的一个重要方面。资本主义不断地进行扩大生产和消费，必然带来对自然条件的破坏，马克思对资本主义生产的方式和目的的理论分析是我们理解生态危机问题的哲学基础，也是西方生态学马克思主义者所批判的前提。

如今，生态问题是人类面对的最大的问题之一，它不仅仅是关乎政治决策和社会政策的现实问题，还是一个有着巨大政治哲学深度的理论问题。② 卢梭和马克思的关于生态文明的政治遗产仍然发挥

---

①　《马克思恩格斯文集》（第 1 卷），人民出版社 2009 年版，第 559—560 页。

②　张盾：《马克思与生态文明的政治哲学基础》，《中国社会科学》2018 年第 12 期。

着积极作用，他们的思想超越了所生活的时代，做出科学的预见，人与自然的生命共同体思想也是解决生态危机的核心思想。西方生态马克思主义者发展了马克思的关于自然、需要和劳动的思想，强调人的需要及其满足最终在于创造生活的劳动而不在于无休止的消费，人们应该重新思考新的生活方式，满足对生活的期待。

三　对政治问题的经济归因

从柏拉图和亚里士多德的政治哲学开始，国家就是实现善的共同体，在这个共同体中，公民是享有政治权利的主体身份，政治与道德联系在一起，与经济无关。中世纪基督教哲学家们为教会统治世俗社会寻找理论依据，上帝具有最高的权力，市民社会作为世俗组织，它的权利源于上帝的赋予，此时的市民社会主要还是代表政治国家。到了近代启蒙运动，霍布斯开始将市民社会看作为了保障人身安全通过契约而形成的联合体，洛克提出国家或市民社会的目的是保障所有权及个人的私有财产，但是仍然固守传统的政治哲学角度，并未将市民社会与国家做出区分。

卢梭突破了传统政治哲学中市民社会的语境，将市民社会看作私人利益的集合，并将市民与公民做出区分，从而对其进行批判，黑格尔和马克思也肯定并承继了公民和市民的二重性关系的思想。卢梭首先将政治问题的本质归结于经济原因，认为私有制是人类不平等的起源和异化的根源，导致了人性的堕落，他意识到富人更迫切地需要国家的建立，更需要利用法律维护自己的私有财产。从某种意义上来说，卢梭已经从唯物主义角度猜测国家起源的基础，察觉到国家是贫富阶层对立的产物，是富人奴役穷人的工具。在市民社会中，其成员的特殊利益是相互对立和分离的，利益的冲突使每个市民都视别人为工具，以牺牲他人利益为代价换取自己的名誉和财富。而国家更是加剧了市民社会成员之间的竞争，扩大了人与人之间的贫富差距，加强了不平等。意大利哲学家科莱蒂就认为马克思对市民社会的不平等的批判沿袭了卢梭对市民社会的批判，过于夸大地指出马克思关于市民社会和公民的分析完全没有超出卢梭框架，虽然科莱蒂忽视了马克思与卢梭在不同的政治经济学层面的分析，但是足够重视了在马克思对资本主义社会批判思想中卢梭的作用。

马克思以财产权为核心，寻找政治问题的经济原因，他将一般的权利扩展到财产的权利，而财产权的本质是穷人的权利问题，也就是马克思所谓的"社会问题"[1]，这也是马克思不同于康德、黑格尔的理论创见。马克思自《莱茵报》时期遇到物质利益问题的难事开始，就关注穷人的权利，分析贫困的原因是财产权的压迫。马克思将自由与财产紧密联系在一起，赋予了财产以劳动和资本的双重含义。马克思早在《1844 年经济学哲学手稿》中就提出作为资本的私有财产和作为劳动的私有财产，两种不同的财产将社会划分为有产阶级和无产阶级。马克思进而分析私有制和分工导致了人的异化，在资本主义国家中无产阶级遭受身体和精神的双重打压，国家制度和法律是带有阶级性质的维护资产阶级利益的工具，从而对资本主义制度展开彻底的批判并转向政治经济学领域研究政治问题，马克思将对人类的自由和解放问题的考察从政治领域转到经济领域，寻求市民社会与国家的真正统一。马克思与卢梭一样认为国家是普遍利益的体现，是为协调不同利益之间的需要而产生的。马克思进一步指出这样的国家是虚幻的共同体，它具有阶级的属性，并以唯物史观的立场，科学地分析国家是阶级矛盾不可调和的产物。在《德意志意识形态》中，马克思提出了"真正的人的社会的财产"的崭新的财产概念，这是基于无产阶级的普遍性的现实条件下，革命的

---

[1]　张盾：《"道德政治"谱系中的卢梭、康德、马克思》，《中国社会科学》2011 年第 3 期。

无产者承受的普遍苦难，他们联合起来能够实现对全部生产力的占有，使社会的财产成为可能。

马克思在《资本论》中进一步阐释了财产权中劳动与资本相分离的问题，他深入资本主义生产过程去研究工人受到资本和商品的多重支配后，无法获得自由，更享受不到基本的权利保障，在政治上毫无地位可言。无产阶级若要反抗推翻压迫建立政权，仍然需要从经济入手，需要扩大生产力，使物质极大丰富，推动社会进步，将生产资料私有变为社会公有，消灭阶级本身的存在方式，从而实现无产阶级专政。马克思的"经济基础决定上层建筑"这一原理是卢梭"从经济原因分析政治问题"在逻辑上的进一步延伸，以及在语言上更为科学的表达。

现代性、自然、经济和政治的互动关系是从卢梭和马克思时代一直持续到今天的重大哲学议题。在这些议题上，马克思与康德和黑格尔的回应显然是不同的，但是和卢梭有着极大的相似性，而且其走向是共通的，马克思以此"终结"了德国古典哲学。马克思和卢梭的关于现代性的分析和批判、对自然的保护思想以及从经济根源出发解决自由平等问题的主张在今天仍然具有理论价值和实践启示作用。

第二节　经典论题的学术分野

马克思对卢梭思想有继承也有批判，最终以唯物史观的科学阐释超越了卢梭重视伦理道德的政治哲学，同时，马克思和卢梭的思想关系中还沉淀着思想史上的经典问题，包括逻辑起点、阐释路径、实现方式等，这些问题在卢梭、康德、黑格尔和马克思的阐释中泾渭分明。可以说，参照卢梭的政治哲学，能够十分明晰地将马克思的哲学思想从德国古典哲学的论域中剥离出来。本节将通过经典论题的对比，阐释马克思和卢梭的思想关系，指出二者的实质性区别。

一　逻辑起点的分野：自然状态与历史的前提

以卢梭为代表的政治哲学的逻辑起点是自然状态，自然状态是一种逻辑上的假设，并不是经验上的存在，这就决定了卢梭所描绘的政治共同体的空想性。马克思哲学的历史前提则是现实的人的物质生产，是客观的现实存在，以此为起点建立了唯物史观，将卢梭的政治空想变为现实可能。

霍布斯和洛克就是从自然状态出发，自然状态是一种自由平等的状态，从而推导出建立契约社会的必要性，揭示国家和社会的起源。然而，霍布斯和洛克在对自然状态的具体阐释上是有区别的。霍布斯的自然状态是"人对人是狼"的状态，自然状态的特征是公共权力的丧失。[①] 人们是自由平等的，也正是出于人们之间的平等，他人平等掠夺他人的一切，包括生命和财产，人与人之间存在天然敌对的关系，人们无时无刻不生活在恐惧之中，摆脱自然状态就成为人们的热切渴望，为了结束这样的恐怖状态，人们之间要签订社会契约，让渡每个人的自然权利给国王，建立政府来维护人们的安全。所以霍布斯提出每个人都应当自觉自愿地放弃别人也同样放弃的权利，应当满足于和别人一样多的自由。这种权利的相互放弃由现在已逐步认知的社会契约所完成。文明社会由社会契约所组成，其间每个人都受契约限制，与他人达成协议，不违抗被公认为最高统治者或委员会的命令。每个人都着眼于自己的利益，尤其是有利于安全和自我保护而缔约，因而不能确定任何人都会遵守契约，放弃那些由于他的放弃从而破坏所有契约目的的权利。最高权威强迫所有缔约者履行契约；最高统治必须保证惩罚带来的恐惧比希望从

---

① ［美］普拉特纳：《卢梭的自然状态——〈论不平等的起源〉释义》，尚新建、余灵灵译，华夏出版社 2008 年版，第 59 页。

破坏契约中渔利的诱惑力要强大得多。

洛克的契约论政治哲学也从自然状态的预设出发，但他的自然状态并不是像霍布斯所描述的那样混乱不堪，并非一切人反对一切人的战争状态，而是遵守自然法的自由的状态，自然法与自然权利是其中最重要的因素，最主要的目的是保护财产权。人类在自然状态下虽然可以维持一定的秩序，在自然状态下人人都有执行自然法的权力，但是由于没有第三方对人类的自然权利的监督和保障，存在很多不便。人类为了更完美和谐地生活最终离开了自然状态，通过签订社会契约成立政府，也就是说，政府的成立是得到人民的同意的，所以整个政府的主要目的就是通过强力执行上帝颁布的自然法则或道德律令，来保障人类的自然权利。

卢梭继承了霍布斯和洛克的自然状态学说，在自然状态中，人们仅凭本能就可以满足自身需求，从来不会想着向大自然索取什么。原始人的生存不需要具备社会性，人和人之间也没有必要建立联系，他们是孤单地生存，没有人羡慕、尊崇、嫉妒他人，人和人的地位都是平等的；即使有天生的生理上的不平等，也不会影响各自的利益。人与人之间在自然状态中的差别与社会状态的差别相比，是可以忽略不计的，不平等在社会状态中更为加剧。因此，为了克服社会状态中的一些弊端，需要设立公共的规则或公约来维持社会的秩序，卢梭将其诉诸通过社会契约而成立的政治共同体。

按照卢梭自然状态的理论，自然状态是不会再度出现的，因为人类历史是向前发展的，在历史观上具有唯物主义立场。在卢梭的自然状态的观念中，没有天然的统治权力，只有自由平等的自然权利，是突破古典传统政治哲学等级制度的一大进步。卢梭始终追求的是政治秩序的完善和人类的真正幸福，马克思与卢梭有着相同的理想追求，不同的是，马克思从物质生产出发找到历史发展的前提和原因。

马克思站在唯物史观的立场，从现实的人的物质生产活动出发，人们以一定的方式进行生产活动的过程中必然会发生一定的政治关系和社会关系，产生一定的社会结构和国家，从而形成历史。马克思的唯物主义历史观从物质出发来阐释意识和观念，因此具有完全不同于唯心史观的特性。任何阶段的历史都是物质实践发展的结果，一方面它继承了上一个历史时代的生产力和社会交往的总和；另一方面它也预先规定了下一个历史时代的物质生活条件，任何人都不能脱离自己的时代。随着人们活动范围的不断扩大，生活在各个地域的民族交往活动越来越频繁，历史逐渐转变为世界历史。生产力的发展成就了世界市场的繁荣，然而个人的活动也受到世界市场力量所支配，生产力变成了破坏的力量，让无产阶级陷入灾难之中。无产阶级占全体社会总人数的比例最大，却被排斥在社会之外，所以它不得不同其他阶级进行斗争，无产阶级反抗现存世界的决心最强烈，具有最彻底的革命意识，这个意识就是共产主义的意识。仅仅有意识还是不够的，这种意识要在革命中才能实现，共产主义革命不同于以往的任何革命，它主张消灭劳动，在革命中抛掉自己身上的一切陈旧的肮脏的东西，才能胜任重建社会的工作。共产主义革命是一场消灭分工的运动，这场运动具有经济的性质，它要推翻一切生产关系和交往关系的基础，消灭由于分工而使人的力量变为物的力量这一现象，然后重新驾驭这些物的力量，需要建立的是自由人的联合体。

卢梭从自然状态出发，经过社会契约形成的是虚假的共同体，在现实中是不可操作的。在历史的前提问题上，马克思不仅与卢梭不同，也区别于德国古典哲学。康德以理性及先验的原则来论证社会历史的发展进程，黑格尔更是以精神展开的过程作为历史发展的历程。马克思以现实的人的活动作为历史起点、物质生产关系为逻辑起点，分析分工让人的活动被固化，无法解决个人利益与集体利益的矛盾，因此要消灭分工，从事创造性活动，使人的自由个性得到彰显，从而实现真正解放。

二　阐释路径的分野：道德控诉与科学论证

卢梭虽然意识到政治问题的经济原因，但是他仍然将政治和伦理相联系，从道德的角度寻求自由、平等的政治哲学主题，认为理想的社会契约就是成立道德理想国，在政治的表现方面并没有继续经济问题的分析方式。卢梭对充满正义的古代的城邦国家大加赞美，认为那是自由和美德的理想公民社会的典范。

卢梭在崇尚理性和文明的启蒙运动盛行之时，却反其道而行，反思科学和文明所带来的风气日下和道德沦丧，特别是批判近代以来道德与政治的分裂问题。卢梭恢复了政治中的道德因素，在他的以公意为基础契约国家中，他也是以公共精神和古典美德作为共同体的前提，主张将自爱之心扩展为对国家的爱，试图通过对公民道德的要求达到国家治理的目的。

马克思意识到了卢梭的将政治道德化这一理想性问题，在《政治经济学批判》导言中指出，卢梭对市民社会的批判是停留在从人性角度展开的道德意义上的资产者的批判，而不是对现实层面的资本的批判。这也就决定了卢梭虽然对私有财产进行批判，却没有达到马克思的废除私有财产的高度。卢梭预见到市民社会成员的自私自利一定会对公共性造成破坏，他解决的办法是让渡个人的权力交给共同体，培养公民的爱国情怀，寄托于公民宗教，服从公意实现平等，收获自然状态中不存在的道德自由。

马克思不仅寻找政治问题的经济原因，也从经济根源出发来把握社会历史的发展，揭示资本主义社会的运行规律，结合经济学内容、通过对资本主义经济事实的分析，揭示了商品与劳动的二重性，发现了剩余价值规律。马克思的另一发现——唯物史观，相比于卢梭基于道德的唯心史观，它是立足于现实，通过科学论证了的真理。

马克思的《德意志意识形态》中第一次出现"唯物主义历史观"的概述，他没有直接用唯物主义历史观这一术语，而是"这种历史观和唯心主义历史观不同"①。在《德意志意识形态》中，马克思阐述了唯物史观的现实前提、本质以及结论，勾勒出唯物史观的基本概况。在1859年的《政治经济学批判》序言中，马克思叙述了自己在政治经济学领域进行研究的经过，进一步对唯物史观做出科学的表述，提出了"物质生活的生产方式制约着整个社会生活、政治生活和精神生活的过程"，"人们的社会存在决定人们的意识"②这样的经典论述。马克思在《雇佣劳动与资本》中，明确社会生产关系的定义和增加了其内涵，"各个人借以进行生产的社会关系，即社会生产关系，是随着物质生产资料、生产力的变化和发展而变化和改变的"，并且指出"资本也是一种社会生产关系"，③ 总结了经济结构是生产关系的总和，再次强调了生产力对生产关系的决定性作用。

《资本论》通过对商品价值及其规律以及对生产资料所有制下的分配关系的阐述，完成了对唯物史观的论证，同时也为科学社会主义提供了理论上的基础和政治经济学的论据。马克思运用历史考察的方式，对资本主义的积累过程进行考察，指出了这个过程是在劳动者与生产资料相分离的基础上进行的雇佣工作，资本积累蕴藏着劳动者和资本家的矛盾和危机，随着社会生产的不断扩大，资产阶级和无产阶级的矛盾日益尖锐，资本主义的内在危机必然加剧和爆发，走向衰亡，被社会主义所取代。

卢梭将德性注入现代政治之中，将每个人的幸福都看作公共的问题，企图通过道德教化实现他所追求的理想国家。康德是卢梭道

---

①　《马克思恩格斯文集》（第1卷），人民出版社2009年版，第544页。

②　《马克思恩格斯文集》（第2卷），人民出版社2009年版，第591页。

③　《马克思恩格斯文集》（第2卷），人民出版社2009年版，第724页。

德政治的忠实追随者，将卢梭的公意转化为善良意志，通过道德自律配享幸福，提出"人是目的"的哲学目标。马克思反对道德说教和要求，认为这些是虚伪且空洞的，而应该从物质的根源解决矛盾，主张将政治问题经济化。马克思关注的是穷人的权利问题，特别是聚焦于财产权，进一步将财产理解为资本和劳动，并对资本主义制度必将灭亡进行系统论证。

从卢梭的道德理想国的覆灭到马克思主义自由王国的论证成功，实现了从道德伦理到社会科学的提升。马克思不仅在理论上论证了共产主义的到来的必然性，在现实上也指导了各国的无产阶级革命，为无产阶级开拓新世界的道路作出重要贡献。

三　实现路径的分野：理想建构与暴力革命

阿伦特在《论革命》一书中，指出以卢梭为代表的社会契约论者，他们从社会腐败中推导出自然人的存在状态，就像一个对烂苹果了如指掌的人，可以通过假定一个好苹果的原初存在状态来解释它的腐烂。[①] 卢梭对他当时生活其中的专制社会的腐败有着强烈的不满和批判，他构想如何能够建构一个防止"好苹果"腐烂的新社会？卢梭寄希望于"公意"，凭借人民的同意和立法者的智慧，达成社会契约，构建共同体。在共同体中，个人通过法律和美德的塑造转化为公民。卢梭判断现代政治的基础是不合法的，主张必须重建政治的合法性，恢复被霍布斯、洛克所忽略的政治中的道德要素，建立一种"道德的现代政治"，同时又不剥夺人的自由，以此解决私利与公共善之间的冲突。[②] 卢梭为现代政治注入了激情、德性和理想主

---

① ［美］汉娜·阿伦特：《论革命》，陈周旺译，译林出版社 2011 年版，第 67 页。

② 张盾：《"道德政治"谱系中的卢梭、康德、马克思》，《中国社会科学》2011 年第 3 期。

义，对现代性的批判在卢梭这里表现为道德政治。然而，道德政治注定是脱离了实践的，这也正是马克思所反对的将政治问题道德化，他主张的是从物质根源寻找原因，将政治问题当作经济问题进而扩展到社会问题来探索解决路径。

卢梭曾以古典城邦国家为模板对日内瓦、科西嘉和波兰的政治进行设计和规划，但是这种个人的幻想均未对现实的国家实践活动起到指导的作用。卢梭的一生都在探寻建立道德理想国的方案，直到晚年，他最终与这个时代、这个世界妥协，选择回归自然，寻找内心的平静，做一个孤独的漫步者。有人这样评价卢梭的政治哲学：作为批判的政治理论，他是成功的；作为建设性的政治理论，他是失败的。

马克思生活的时代与卢梭相比，资本主义更加发达，机器大工业代替了传统的手工业，生产效率提高、生产力取得重大突破。资本家不断开发新市场，开始全球贸易活动，进行早期的资本主义原始积累。资本主义制度所带来的问题更加复杂，无产阶级和资产阶级的矛盾也愈加深化。马克思将改变现存政治状况、解放全人类的希望寄托于无产阶级身上，通过无产阶级革命发生激烈的社会变革，在革命取得成功之后，再制定和构建符合时代要求的法律和社会秩序。

马克思的革命思想最早体现为他的哲学革命，对旧哲学的批判及消灭哲学，从对黑格尔理想主义哲学的批判到费尔巴哈旧唯物主义批判的过程中，认识到不能停留在理论的批判，问题在于改变世界。然后从哲学革命转向到现实的政治革命，最终实现的是社会革命。

马克思在《德法年鉴》时期就分析了政治解放的局限性和人类解放的必要性，无产阶级作为革命的主体被赋予时代的使命；《共产党宣言》第一次提出科学社会主义，指导工人运动，明确了无产阶级的任务是用暴力推翻资产阶级的统治而获得政权。马克思提出共产主义本身就是一场革命运动,革命的理论与革命的实践具有同一性。马克思对法国大革命十分感兴趣,不断总结欧洲革命的经验和教训,在《1848年至1850年的法兰西阶级斗争》中提出了"革命是历史的火车头"的经典语句,并指出了革命的基础和前提是经济条件。马克思通过对法国阶级斗争形势的分析,研究法国的阶级结构以及各阶级的经济状况对其政治态度的影响,提出了建立工农联盟和无产阶级革命领导权的思想,指出无产阶级应该不断进行革命,科学地规定了无产阶级专政历史阶段的具体任务。①

马克思在1859年《政治经济学批判》序言中,从政治经济学的角度分析革命的条件,当生产关系制约了生产力的发展时,社会革命的时代就会到来。马克思在《资本论》中,围绕经济基础与上层建筑、生产力和生产关系的矛盾关系确立了社会革命的分析框架。此外,在《资本论》中,马克思认为暴力是一种工具,对孕育新社会的旧制度起到助产婆的作用,其本身就是一种生产力。列宁在马克思革命理论的基础上,进一步将革命限定于暴力革命,认为其是实现共产主义的必然途径。

马克思的革命理论是通过唯物史观引申出来的,是历史活动过程中的必然产物,马克思更是从革命的主体人民群众(工人阶级)自身的利益出发,在革命中抛掉一切肮脏陈旧的东西,重建一个积极健康的社会。马克思认为暴力作为一种革命的方式是具有积极意义的,暴力不是反对民主、用来服务革命的;暴力革命反而是实现民主的有力武器。专政是进行暴力革命之后,无产阶级实行政治统治的一般形态。无产阶级专政是达到消灭一切阶级差别、达到消灭这些差别所由产生的一切生产关系、达到消灭和这些生产关系相适

---

① 郝菲菲、王兴辉:《〈1848年至1850年的法兰西阶级斗争〉柯柏年译本考》,辽宁人民出版社2019年版,第3—4页。

应的一切社会关系、达到改变由这些社会关系产生出来的一切观念的必然的过渡阶段。① 因此，专政是无产阶级革命必须做出的选择，在无产阶级的领导下实行人民民主的组织形式。

卢梭对道德共同体进行了理想的设计，但终究脱离了现实而难以实现，他自己也认识到，仅靠道德伦理无法抵御现代化的浪潮，在晚年著作中重新选择了回归自然，寻求心中的自由。马克思则深入资本主义制度内部，不满足于任何形式的与剥削阶级的妥协，其暴力革命主张是对资本主义最彻底的批判和推翻资本主义制度的最根本方法。这也是马克思代表无产阶级利益基于唯物史观立场，对卢梭的小资产阶级自带的妥协性和局限性的必然超越。

四　学术立场的分野：政治秩序与人类解放

卢梭和马克思都受各自父亲很大的影响。卢梭的父亲阅读过很多书，并将自己读过的书推荐给卢梭，卢梭从小就具有批判性的思维方式。马克思的父亲就很喜欢卢梭的著作，马克思最早读卢梭与其父亲有很大的关系，同样形成了一种批判性的思维方式，为后来的哲学思想奠定了重要的基础。一种传承关系终于形成，它联结了一项发现的两位主角人物。这项发现即促使人们跟强加在他们身上的社会秩序彼此既结合又对立的种种关系。② 然而，在学术立场上，马克思和卢梭走向了两条不同的道路：卢梭的政治哲学致力于政治秩序的构建，马克思则以人类解放作为哲学的出发点和落脚点。

马克思出生虽然只比卢梭晚一个世纪，然而这一个世纪发生了政治经济上的大变革，法国大革命掀起的浪潮还在继续鼓舞着欧洲的革命。与此同时，工业革命达到高潮，英法等主要资本主义国家

---

① 《马克思恩格斯文集》（第 2 卷），人民出版社 2009 年版，第 166 页。

② ［法］柯娄德·马佐西科：《二十岁的卢梭对自由的激烈渴望》，郭维雄译，台北：商周出版社 2014 年版。

完成了向机械化和工厂生产的过渡，资本主义生产方式已经确立，现代性所带来的问题逐渐显露。德国政治上仍然处在四分五裂的封建社会之中，经济上处于资本主义孕育和萌芽阶段，但是思想上并未落后，反而异常活跃，马克思成长在这样的时代背景之下，他身在德国，放眼欧洲，胸怀天下。

卢梭凭借天才的预见对还未实现的现代性展开批判，他从资产者与自然人的对立出发，运用思辨逻辑对资产阶级的危机和矛盾进行分析和诊断，以培育自然人为方案来摆脱现代性带来的人性堕落。在马克思生活的时代，资本主义矛盾充分展现，遭遇资本逻辑的困境，他从哲学与政治经济学的双重角度揭示了资本主义内在的本质特征，通过对现实的人的生产活动的考察批判了资本主义生产方式存在的剥削和奴役，讨论了无产阶级革命的实现路径，并以此创立科学社会主义，最终目标是实现人类解放。

马克思继承了包括卢梭思想在内的众多思想资源，特别是康德、黑格尔等德国古典哲学家的理论，他们深受启蒙思想的陶冶，历经深刻的时代变革，从哲学的高度阐发了自由平等、民主科学的启蒙精神和总结了革命运动的历史经验。在上两章中，已经探讨了马克思思想的卢梭来源，以及以康德和黑格尔为中介的分析理论间接对马克思所产生的影响，这也是马克思与卢梭学术立场分野的重要原因。

卢梭和马克思具有完全不同的学术气质。卢梭的出生就是个悲剧，一生之中充满苦难，性格桀骜孤僻，言行乖戾疯狂，对未来忧心忡忡，在他的著作中往往具有一种预见性的批判和极端激进的结论，他更注重情感和感觉，以至于脱离现实而具有浪漫的乌托邦色彩。他与狄德罗、伏尔泰、休谟等哲学家都曾一度是好友，由于个人的猜忌性格很难维持长久的友谊，最后都以分道扬镳收场，成名之后也受到排挤和冷落，最后抑郁而终。马克思出生于富裕而幸福的家庭，从小就怀有远大的抱负，在中学毕业作文中就立志要选择为全人类服务的职业的崇高理想。马克思接受了良好系统的专业教育，性格上表现为积极乐观、坚毅勇敢的特点。与卢梭的感性和浪漫主义相比，马克思思想上更具有逻辑思辨的理性和现实感，他立足于社会现实的生产关系，寻找解放的路径。

卢梭的政治哲学由于时代的限制和自身的局限性，存在一些缺陷和悖论。马克思对卢梭的政治哲学经历了一个从认同到批判和超越的过程，其超越性在于，马克思化解了卢梭的悖论，确立了共产主义的自由人联合体形式解决了个人与社会的矛盾，将卢梭的政治原理落实到了现实的解放方案。

第三节　卢梭政治哲学在马克思哲学中地位的评价

马克思和卢梭的政治哲学在对自然的态度、对现代性的批判、对政治问题经济原因的探索等方面存在相同的视域。同时，也存在马克思对卢梭的批判和根本性的超越，卢梭是理解马克思思想不可绕过的人物，在马克思思想发展的过程中起着关键性的作用。

一　马克思早期政治哲学转向的必然因素

德拉-沃尔佩指出马克思是卢梭的反对拉平的平等主义的继承者，主要受到《论不平等的起源》影响，马克思在《克罗茨纳赫笔记》中对《社会契约论》做了忠实的摘要，可见马克思对卢梭的政治哲学著作是非常感兴趣并且熟知。马克思在《卢梭笔记》中反复摘录"公意"思想的相关段落，反思黑格尔《法哲学原理》中关于特殊意志和普遍意志的关系问题，并写下其政治哲学力作《黑格尔法哲学批判》，内容上主要是对黑格尔的国家观进行的批判，这成为马克思思想的转向的重要转折。可以说，卢梭是马克思从哲学转向政治、从宗教批判转向政治批判的关节点，蕴含对政治哲学的批判性反思和政治经济学的创造性出场。①

马克思作为青年黑格尔派的一分子阶段，自我意识哲学、宗教批判思想以及革命民主主义深刻影响着马克思，他从伊壁鸠鲁的自然哲学中找到与黑格尔自我意识哲学相契合之处，论证了与德谟克利特自然哲学之差别，表明他继承了德国哲学的思辨基因。随着《莱茵报》工作期间他对现实问题的关注，加之遇到物质利益难题，马克思退回书房研究政治和历史问题，研究的过程展现在《克罗茨纳赫笔记》中，结果体现在《黑格尔法哲学批判》一书。麦卡锡在《马克思与古人》中评价此书："整部书稿都是马克思通过卢梭的眼睛来阅读黑格尔的。"② 马克思继续卢梭的国家与市民社会二分的思想框架，将黑格尔颠倒了的关系再颠倒过来，提出市民社会决定国家的理论，同时也初步意识到经济对政治的决定关系，进而从政治经济学中解剖市民社会。

卢梭及后来与之大有关联的法国大革命作为《克罗茨纳赫笔记》中的重点摘录，暗示了马克思在笔记之后的研究方向的转变：从思辨的哲学转向政治的实践，也就是政治哲学。在《黑格尔法哲学批判》之后的《论犹太人问题》和《〈黑格尔法哲学批判〉导言》中，由宗教批判转向政治解放的过渡提出了人类解放作为终生奋斗的目标，指出包括卢梭的契约国家在内资产阶级的政治解放是有局限性的，开始意识到无产阶级作为一种物质力量的巨大潜力。在《1844年政治经济学手稿》中，马克思比卢梭更深入地批判了现代性及其

① 姜海波：《马克思的"卢梭摘要"发微》，《马克思主义与现实》2022年第 6 期。

② ［美］麦卡锡：《马克思与古人古典伦理学、社会正义和 19 世纪政治经济学》，王文扬译，华东师范大学出版社 2011 年版，第 254 页。

表现形式资本主义制度下的异化状态，并找出私有财产是异化劳动的根源，批判了国民经济学的前提，提出扬弃私有财产走向共产主义的主张，为科学社会主义的创立奠定了基础。

张盾教授提出了马克思是卢梭所开创的"道德政治"遗产的执行者和终结者的观点，以此对抗现代性浪潮。笔者认为，具体来说是马克思在早期的政治哲学中，卢梭为马克思反思黑格尔理性国家提供了思想资源，加快了转向现实的政治经济批判的步伐。

二　唯物史观形成的必要条件

马克思在《黑格尔法哲学批判》中分析了财产权和所有制在不同社会阶段的表现形式和特征，总结了已被卢梭和黑格尔意识到的所有制与政治国家问题的关系和影响等问题。卢梭虽然主张从经济原因解释政治问题，但是他在解决自由与平等的政治问题时寄托于"公意"，黑格尔从实体性的普遍意志出发来实现个体和国家的和解，二者均未能合理地认识私有制的作用①，引发了马克思的深刻思考和对政治经济学的深入研究，为后来的唯物史观中经济关系和物质生产的分析提供了理论基础。

马克思认可卢梭和黑格尔对市民与公民的区分，并结合反思法国大革命和欧洲革命的结果，得出资产阶级由于具有局限性和妥协性，因此无法承担解放人类的历史使命的结论。马克思吸收了卢梭的人民主权的合理成分，置换资产阶级的人民为无产阶级人民大众，指出无产阶级所受剥削和压迫的程度最深，反抗和革命的决心最强，进而对直接从事劳动的现实的个人进行考察，他们是生活和生产的主体，正是人们的生产和交往活动构成了主要的社会关系，马克思一步步勾勒出唯物史观的生产力、生产关系、人民群众、经济基础、

---

①　姜海波：《马克思的"卢梭摘要"发微》，《马克思主义与现实》2022年第6期。

上层建筑等关键概念体系。

卢梭在社会历史方面的贡献超出了他的同辈，提出了一些接近历史唯物主义的独到见解。[①] 首先，卢梭认为历史是不断进行更替和发展的，推动历史进步的是人们的需要和技术。人具有自我完善的能力和对自我需求的认知，很快从自然的原始状态中走出来，而不再满足于原始的生活方式。最初的男女分工形成家庭，出现了某种形式的私有制，随着家庭的巩固和生存技能的进一步发展，劳动工具也不断被改进，分工逐渐社会化。卢梭虽然不懂得马克思所用的生产力概念，但是已经自觉地运用生产力的决定作用来解释历史的发展和进步。其次，卢梭分析了国家产生的经济原因。人们在向社会状态过渡过程中财产成为幸福和尊严的衡量标准，也成为人们追求的目标，人与人之间的竞争加剧、冲突不断。富人为维持已有财富主张成立国家，制定法律，成为富人对穷人的统治的工具。卢梭的"国家是富人和穷人冲突的结果"与马克思的"阶级矛盾的产物"已经十分接近。最后，卢梭在研究历史问题方面运用了辩证法的方法。卢梭在《论不平等的起源》中，指出从自然状态的平等变成社会状态的不平等再向新的契约平等转化的过程，是一个圆圈式的发展阶段，当暴君专制的不平等达到顶点，就会走向自己的反面。恩格斯曾评价卢梭的辩证法遵循了和马克思一致的思想进程。

在唯心史观盛行并占据统治地位的时代，卢梭的接近唯物史观的猜测和研究历史方法是难能可贵的。正如普林汉诺夫所说，卢梭在研究社会历史的方法论上朝历史唯物主义方向走了很大的几步。马克思熟知卢梭的思想，并受其启发转向唯物主义立场，进而从现实的人的物质生产和交往关系对资本主义生产运行机制进行系统考察，创立了唯物史观。

[①] 董新民：《卢梭和唯物史观》，载《马克思主义来源研究论丛》，商务印书馆 1987 年版。

三　社会革命理论的重要来源

恩格斯定位马克思首先是一位革命家，革命思想贯穿了马克思的一生。在早期的著作中，马克思就提出改变世界、解放人类的宏伟目标，然后在探索如何实现人类的解放过程中，找到扬弃私有财产、消灭分工的解决方案；马克思十分关注法国大革命和其他革命事件，在与恩格斯通信内容中，"革命"也是其最喜欢的话题；在马克思的后期的政治经济学著作包括《资本论》，本质上是革命的政治经济学，是对资本主义革命自我毁灭条件的考察①。而科学社会主义是马克思创造性的社会革命思想，也是马克思及其马克思主义革命思想的理论精华。

马克思的科学社会主义不同于空想社会主义和人道社会主义，他批判二者具有空想性和资产阶级的法权性质，不能用来指导无产阶级的革命。然而，马克思作为科学社会主义的创立者，并不是凭空创造了一个崭新的理论，而是吸取了众多思想之长，包括启蒙思想、空想社会主义以及资本主义民主理论。卢梭的人民主权、自由平等思想也是马克思科学社会主义的重要来源，德拉-沃尔佩认为卢梭的平等主义的自由理论框架被马克思所继承和发展为共产主义理论。

马克思在《法哲学批判》中，对黑格尔关于贬低人民的论述"人民是无定形的东西……他们的行动是野蛮的……"② 进行的批判，是以卢梭的人民思想为参照的；在《论犹太人》中，马克思赞同了卢梭对抽象的政治人的描述，在此基础上提出人类解放的思想。卢梭是反对拉平的平等主义，提出权利不应该是平等的，主张用社会或道德的平等补偿自然的不平等，这与马克思在《哥达纲领批判》

---

① 黄晓武：《从卢梭到马克思：德拉-沃尔佩的一种逻辑演绎》，《马克思主义与现实》2019 年第 6 期。

② 《马克思恩格斯全集》（第 1 卷），人民出版社 1956 年版，第 78 页。

中对平等分配权利的批判所遵循的思想是一致的，马克思进一步指出权利应该受到社会经济结构的制约，为卢梭的平等理论增加了历史唯物主义的维度和内涵。德拉-沃尔佩指出卢梭的反对拉平的平等主义，给社会主义留下了积极的遗产。在共产主义的第一阶段社会主义阶段，仍然没有完全取消资产阶级的法权思想，马克思提出要实行有差别的按劳分配。在真正的共产主义阶段，"各尽所能，按需分配"的分配原则更能实现人的自由发展，满足个性所需，卢梭也应该有所察觉，但是由于受到时代和自身的限制未能充分表达和进一步提出解决自由问题的方案。

马克思的无产阶级革命理论是带有批判和建设双重性质的，正是在批判了卢梭等资产阶级的革命理论基础上创立了共产主义革命理论，将变革的重点从政治的重塑转移到社会生产方式上来，在唯物史观的框架之内科学地界定了革命的内容，目标是实现人类解放，获得全面自由。马克思的共产主义理论解决了卢梭所没能解决的自由问题，从另一个角度也可以看作卢梭的民主精神在一个新的历史阶段的继续和发展①。

第四节　马克思和卢梭思想关系的思想史效应

马克思和卢梭的思想关系，对于深入理解马克思哲学思想实质至关重要，卢梭是极为重要的理论参考系，在马克思主义哲学形成和发展的过程中的地位应该与康德和黑格尔同样重要。书稿的写作已经接近结尾，但是关于马克思和卢梭的思想关系的思考远未停止……马克思和卢梭思想关系具有深远影响，在西方哲学史上也是具有强烈的回响，引起一系列的思想效应。

---

①　［意］德拉-沃尔佩：《卢梭和马克思》，赵培杰译，重庆出版社 1993年版，第 56 页。

卡尔·洛维特在《从黑格尔到尼采》中，指出黑格尔的市民社会与卢梭的市民社会是建立在一样的两个传统之上的，而马克思是一个受黑格尔教育的后继者，对他来说，普通的阶层既不是小市民（卢梭），也不是有公职的公民（黑格尔），而是无产者。① 总体来说，马克思是透过黑格尔的滤镜来看待卢梭的。阿尔都塞在《政治与历史：从马基雅维利到马克思》的卢梭部分，提出错位的概念，他认为卢梭哲学是一整个链条式的错位，而康德和黑格尔对卢梭的解读都是以错位为基础的，因此这些砍向卢梭的解读，并没有击中要害。② 而马克思也是这个错位链的继续。阿尔都塞的学生朗西埃更为激进，他批判了卢梭的民主制和社会契约论，在《歧义：政治与哲学》一书中，他从马克思主义立场出发认为卢梭的民主是一定范围内的、资产阶级的民主，这就是歧义，从而否定了马克思和卢梭的关系。

一　卡尔·洛维特"滤镜"的再过滤

卡尔·洛维特认为马克思对待卢梭思想的态度，是经过黑格尔的眼睛过滤之后显现的，是在黑格尔对卢梭理解的基础上认识的卢梭，所以相比之下还是黑格尔对马克思的影响更为重要。然而，洛维特误读了马克思的唯物史观，未能认清马克思哲学的真正来源，事实上，在马克思来源的问题上，卢梭与黑格尔同样重要。

洛维特以神学的方式阐释马克思的唯物史观，在他历史观代表作《世界历史与救赎历史》中，他分析了各个时代的历史观，认为马克思的唯物史观是近代的历史观中的一种，它的构建前提是神学。

---

① ［德］卡尔·洛维特：《从黑格尔到尼采》，李秋零译，生活·读书·新知三联书店 2006 年版，第 333 页。

② ［法］路易·阿尔都塞：《政治与历史：从马基雅维利到马克思（1955—1972 年高等师范学校讲义）》，吴子枫译，西北大学出版社 2018 年版，第 414 页。

洛维特认为，黑格尔是最后一个基督教哲学家，而马克思与黑格尔一样，认为历史有一个终极的内在目标。黑格尔将终极目标设定为自由国家，马克思认为是共产主义。

洛维特对马克思的著作进行了详细的分析，他将马克思的唯物史观与基督教的神学史观相类比，认为马克思所划分的"史前时期"相当于基督教产生前的"异教"统治时期，马克思的历史时期相当于基督教时期。马克思唯物史观的术语被洛维特解读为具有基督教意义的说法，例如：无产阶级是历史唯物主义的"特选子民"的光明子女，无产阶级与资产阶级的对抗是基督徒与反基督教的对抗。洛维特将《共产党宣言》理解为一个先知主义的档案，而共产主义是一个没有上帝的上帝之国。

在我们看起来极其荒谬地对马克思哲学的基督教神学末世论在世俗世界颠倒的神学理解，其根源在于洛维特并没有理解马克思唯物史观的实质及其历史哲学的前提是现实的人。洛维特误读了马克思，在《从黑格尔到尼采》一书中认为马克思受黑格尔的影响很大，甚至在面对卢梭的时候，完全是经过黑格尔眼睛过滤后的卢梭，是黑格尔所了解和解读后的卢梭。洛维特认为马克思是黑格尔的后继者，接受了黑格尔的范畴，并且一直坚持到《资本论》，其中"共产主义""劳动""异化"等概念也是在黑格尔哲学概念基础上建构出来的。在洛维特看来，马克思并没有超越黑格尔的形而上学原则，甚至将马克思彻底黑格尔化。可事实是这样的，在《黑格尔法哲学批判》中就可以看得出，马克思对黑格尔的批判是彻底的，也显示了面对卢梭的不一样的解读。马克思认为在国家观问题上，黑格尔甚至还不如卢梭。因此，不是黑格尔眼睛过滤后的卢梭，而是以批判黑格尔为契机，开始重新阅读卢梭的著作，以此更为有力地批判黑格尔，是黑格尔过滤的再过滤。

洛维特的逻辑在于将马克思黑格尔化，服务于他历史进步意识的批判哲学，从而将马克思的历史不断进步发展的理论依赖于神学支撑。在历史观这个问题上，卢梭明显比黑格尔更接近马克思的历史唯物主义，卢梭将洛维特所忽略的生产方式、现实的劳动等考虑到历史发展因素之中，历史的意义存在于现实的人所生活的"此岸世界"。

二　阿尔都塞"错位"的纠正

西方马克思主义者阿尔都塞与德拉-沃尔佩一样否定马克思哲学的黑格尔思想渊源，他们强调科学性和实证性，另辟蹊径对马克思著作进行解读，沃尔佩更是以卢梭为中介走向马克思主义。阿尔都塞以"保卫马克思"的初衷，提出马克思的辩证法与黑格尔的辩证法有着实质的不同，说明了马克思思想的科学性，以此来批判对其意识形态的解读。

在阿尔都塞对马克思的各种理解中，"认识论断裂"最为著名。按照阿尔都塞的理解，马克思的著作存在由意识形态向科学的过渡，在早期即1845年之前的唯物史观将劳动看作全部历史的基础，讨论的是自由、理性、人道主义；在之后转向了全新的科学视角，开始用生产力与生产关系，经济基础与上层建筑等概念，关注社会系统的发展问题。阿尔都塞的结构化分析造成了"两个马克思"的分化的讨论，对此学术界也给予了很多回应。

阿尔都塞对卢梭的社会契约论进行了解构式的阅读，他认为卢梭的《社会契约论》存在一系列的错误，他称之为链条式的错误。链条式是因为一个错误会导致接下来的错误的继续和延续，在以错误为前提产生新的错误。这些错误的根源在于卢梭认为社会的危机和矛盾需要人们联合起来形成新的力量，但是在新的共同体中，个人的权利如何维护？卢梭虽然给出了自己的见解，但是很难说服人。然而，康德、黑格尔对卢梭的解读都是基于这些链条式的错误，他们并未将卢梭的错误当成问题，而是在将这些错误当成真的事实的基础上继续研究。

这些错误具体有哪些呢？阿尔都塞在《政治与历史：从马基雅维利到马克思》中着重分析了卢梭的难题和错位。第一个错位是卢梭的契约的甲方乙方，看似是个人与共同体，但是这个共同体不是一个具体的人，也不清楚这个乙方在这份契约中所付出的是什么，因此实际上是自己与自己签订的合约，甲乙方为同一方。第二个错位是卢梭的全部转让，如果全部转让了还如何获得自由？一方是不计付出的转让，另一方没有付出却有优厚回报。第三个错位是个人与共同体的形成，个人如何形成社会？个人利益与普遍利益一定是有冲突的，卢梭所提供的解决方案是利用意识形态的方式把人们引向天国与未来。① 阿尔都塞认为这一系列的错误都击中卢梭的要害，错位的解决也是错误的，他认为卢梭的政治哲学体系是在错误的根基上建立的，因此没有说服力，法国大革命就是卢梭理论所导致的严重后果。阿尔都塞指出康德和黑格尔并未将卢梭的错误当作错误，而是把错误看成是对的。康德是以第一个错位为基础诠释自由，黑格尔则以第二、第三个错位为基础继续卢梭的错误，将任性的自由理解为一个必经的环节和过程。

阿尔都塞认为马克思是这个错位上的持续，承认卢梭对马克思的影响是很大的，但是其错误也是被继承了的。事实上，马克思纠正了卢梭的错误。马克思意识到了卢梭种种错误的症结所在，并没有将错误持续，乌托邦式的理想国终究不能实现。马克思投向的是生产和生活，以此为出发点，论证生产力与生产关系的矛盾推动社会的发展。

---

① 刘怀玉：《西方马克思主义对卢梭的政治哲学解读：以德拉-沃尔佩、阿尔都塞和朗西埃为例》，《世界哲学》2020年第5期。

三　朗西埃"歧义"的消除

朗西埃是阿尔都塞的学生，他更为激进，认为卢梭的社会契约的民主实际上是不平等的民主。朗西埃继承了阿尔都塞的理论，认为卢梭之所以设定一个没有乙方的民主，其实是为统治阶级服务的，因此毫无民主可言。在卢梭的契约里，仍然是资产阶级的民主游戏，共同体成员将自己的权利转让给了统治阶级，但是并没有得到自由。因此，在这个所谓民主的游戏里，统治者既是游戏规则的制定者，又是参与者。"歧义"是大家面对一个概念时，展现在每个人面前的感性形象是不一定的。例如，我和你都有一个概念为苹果，可是你的苹果和我的苹果不是一个东西。朗西埃认为，西方国家的民主，只是属于某一个阶层的民主。

朗西埃以卢梭为例，批判的是整个西方的"歧义"政治，对政治的本性进行思考，并且区分了"治安"与"政治"，指出由哲学家的"无知"所建构的政治哲学的虚假性。朗西埃与阿尔都塞分道扬镳，认为阿尔都塞从概念出发没有真正的马克思主义的关于社会批判的逻辑，朗西埃从马克思感性的现实出发走向的是感性的美学的哲学之路。作为后马克思主义者，朗西埃批判了资本主义的政治模式，然而这种激进的民主政治也会走向另一个极端。

尽管朗西埃没有明确讨论马克思和卢梭的思想关系，但是他对卢梭的社会契约论进行了深入的剖析，也专注于马克思的经典文本和社会批判立场。从朗西埃对卢梭民主的质疑和马克思以人民为主体感性现实的把握，并没有将二人看作继承并超越的关系。朗西埃未提及卢梭政治哲学的出发点是让共同体成员获得自由，人民主权的理论为马克思的人民主体思想准备了理论资源，他没有看到卢梭民主思想的进步意义。

在马克思这里，只有通过革命才能建立起先进的制度，才能让人民真正掌握国家的主权。只有一无所有的无产阶级掌握了政权，才能真正地实现民主。马克思显然消除了朗西埃的民主"歧义"，目标是全人类的自由和解放。

　　除了洛维特、阿尔都塞、朗西埃，最著名的研究马克思和卢梭思想关系的学者就是德拉-沃尔佩，在本书中也曾多次提及。沃尔佩对卢梭的解读接近马克思主义立场，认为卢梭是社会主义的先驱人物，他高度评价了卢梭的民主制的理论框架，并以此否定了黑格尔否定之否定的辩证法解读马克思哲学。卢梭的观点中有按劳分配的雏形，反对拉平的平等主义为科学社会主义留下可贵的遗产，追求自由平等的精神鼓舞了马克思主义者通过革命解决社会问题。

本章小结

　　本章对马克思和卢梭的思想关系进行总结。首先，二者的思想在某些地方存在相似之处，可能是马克思受到卢梭的影响或启发。生活在不同时代的二人都对现代性和资本主义进行批判，将异化看作现代性的本质特征；二人都对自然存有敬畏，主张节制欲望，保护自然资源，重视人的感觉；马克思和卢梭都揭示了政治问题的经济原因，将国家的起源归于私有制的产生。其次，马克思对卢梭政治哲学进行了批判和超越。马克思继承了比卢梭更多的思想资源，具有更为理性和思辨的学术气质，克服了卢梭理论的缺陷和悖论。马克思将卢梭的道德伦理上升到唯物史观的科学论证，将卢梭对于共同体的理想建构诉诸暴力革命。随后，分析了卢梭在马克思哲学发展历程中不同时期的重要地位：早期政治哲学转向的必然因素；唯物史观形成的必要条件；社会革命理论的重要来源。马克思和卢梭的思想关系在西方哲学史上引起强烈回响，本章列举了洛维特、阿尔都塞、朗西埃等学者的观点，说明其持续的影响力。

马克思和卢梭的政治哲学在对自然的态度、对现代性的批判、对政治问题经济原因的探索等方面存在相同的视域，也存在对卢梭的批判和根本性的超越，卢梭是理解马克思思想不可绕过的人物，在马克思思想发展的过程中起到关键性的作用。然而，卢梭的思想在本质上是政治哲学，马克思的哲学思想实质上是唯物史观，政治哲学是青年马克思思想形成中不可逾越的一个特定的阶段。马克思的政治哲学最终落脚于唯物史观，将卢梭未竟的自由平等事业和社会国家蓝图进行科学规划，实现了对卢梭政治哲学的根本性超越，同时也"终结"了德国古典哲学。

卢梭是马克思从哲学转向政治、从宗教批判转向政治批判的关节点，蕴含着对政治哲学的批判性反思和政治经济学的创造性出场。马克思熟知卢梭的思想，并受其启发转向唯物主义立场，进而从现实的人的物质生产和交往关系对资本主义生产运行机制进行系统考察，创立了唯物史观。卢梭的政治哲学由于时代的限制和自身的局限性，存在一些缺陷和悖论。马克思对卢梭的政治哲学经历了一个从认同到批判再到超越的过程，其超越性在于，马克思化解了卢梭的悖论，确立了共产主义的自由人联合体形式，解决了个人与社会的矛盾，将卢梭的政治原理落实到了现实的解放方案。马克思的共产主义理论解决了卢梭所没能解决的自由问题，从另一个角度也可以看作卢梭的民主精神在一个新的历史阶段的继续和发展。科学社会主义是马克思创造性的社会革命思想，也是马克思及其马克思主义革命思想的理论精华。

总的来说，卢梭思想是马克思早期由哲学转向政治问题的必然因素，加快了政治经济学转向的步伐，同时也为唯物史观中经济关系和物质生产的分析提供了理论基础，是马克思唯物史观形成的必要条件。卢梭的人民主权、自由平等思想是马克思科学社会主义的重要来源，马克思的共产主义解决了卢梭未能实现的自由问题。

结语　马克思政治哲学何以可能？

　　马克思政治哲学的合法性问题是目前学术界讨论的前沿问题，马克思和卢梭的思想关系的论述和思想实质的揭示过程可以介入这个前沿问题的讨论。关于马克思的政治哲学问题，学者中有的坚持认为马克思哲学是描述性的科学，没有政治哲学；有的以西方政治哲学为蓝本，在马克思哲学中寻找理论资源，构建政治哲学；有的将唯物史观等同于政治哲学，认为马克思的政治哲学就是唯物史观。本书认为，马克思在唯物史观创立，即《形态》之前存在政治哲学，政治哲学是马克思思想形成过程中不可逾越的阶段，在《形态》之后未有专门论述政治哲学问题的文本，但是有涉及政治哲学论域的内容，马克思从社会革命中引发出对政治问题的讨论，带有政治哲学的意蕴。马克思对政治哲学的关注态度可以从与卢梭的关系中体现出来。因此，阐明马克思和卢梭的思想关系，对于深入理解马克思哲学思想的实质至关重要。卢梭是极为重要的理论参照系，它在马克思主义哲学和发展过程中的地位，与康德和黑格尔相比，卢梭是同等重要的理论资源。

　　马克思受到卢梭的影响很大，二人有很多相同的关于自由、平等、民主等论域的论述，《克罗茨纳赫笔记》中的"卢梭摘要"正是马克思从宗教批判转向政治批判的关节点，其中还蕴含着马克思对政治哲学的批判性反思。[①]《黑格尔法哲学批判》可谓是马克思政

---

　　① 姜海波：《马克思的"卢梭摘要"发微》，《马克思主义与现实》2022年第 6 期。

治哲学的一大力作，其中就是以卢梭为参考对黑格尔关于理念论国家观的政治哲学进行了批判。在《德法年鉴》时期，马克思对卢梭政治解放进行批判并提出人类解放；在《手稿》时期，对卢梭异化理论进行改造并描绘共产主义，马克思从对法哲学批判转向政治经济学的批判。这些都体现了马克思政治哲学的思考、对未来社会的规划和对人类政治命运的关心。在马克思青年时期，费尔巴哈对马克思反思、批判黑格尔思想固然起到了重要的作用，但是马克思曾写到费尔巴哈"谈政治太少"，费尔巴哈的抽象人本主义立场与卢梭的政治问题的经济归因相比，离马克思的唯物史观距离更远。马克思对西方政治哲学的体系构建没有兴趣，也没有一部政治哲学的专门著作，但他对"人类解放""人的自由与全面发展"的现实阐述引发了具有世界历史意义的社会革命。[①] 马克思的社会革命是法国革命传统的延续，而卢梭作为法国革命的前驱，二人具有革命思想的延续关系。然而，马克思思想并不是传统的政治哲学，他并没有遵循传统的以"人性假设、政治实践、政治革命、公共领域"等为基本概念政治哲学模式，而是从社会出发衍生出政治哲学的意义，很多西方哲学家如列奥·施特劳斯、约翰·麦克里兰、罗尔斯等在《西方政治哲学史》中，就是从这一角度出发，将马克思作为重要人物加以介绍，他们默认了马克思政治哲学的存在。

在《形态》之后，马克思批判了包括卢梭在内的唯心史观，建构和发展唯物史观。在马克思的文本中，他将唯物史观定义为揭示人类社会发展的一般规律的实证科学。[②] 在《资本论》中，马克思深入资本主义社会生产方式内部，考察资本运行与增殖的规律，揭

① 臧峰宇：《马克思政治哲学引论——以人学为视角的当代解读》，中央编译出版社 2009 年版，第 8 页。
② 段忠桥：《唯物史观是政治哲学吗——与王新生教授商榷》，《中国社会科学评价》2021 年第 3 期。

露了资本家为获取更多剩余价值、实现自身的财富增长，无情地剥削和压迫工人，总结了在资本主义社会历史发展的特殊规律，深化和发展了唯物史观。共产主义是生产力高度发达时期的产物，是历史发展的必然阶段，共产主义理论也是唯物史观的重要组成部分。相对于马克思早期的共产主义是应当实现的理想活动的规范性的理论，在《资本论》时期发展为必然实现的科学论证。在马克思的成熟时期并非不谈价值只注重客观事实，上层建筑也是唯物史观的一部分，其中意识形态涉及了自由、平等、公平、正义等观念。政治哲学的一些主题包含在唯物史观之内，但是唯物史观绝对不仅仅是政治哲学。本书并不是强调两个马克思，只是说明马克思思想从不成熟发展到成熟的过程，是从政治哲学过渡到唯物史观的过程，也是对卢梭由赞赏到批判、改造再到完全超越的过程。

马克思和卢梭之间最主要的是来源关系，康德和黑格尔代表的德国古典哲学来源，毋庸置疑是列宁所说的三大来源之一，但是卢梭的来源并未得到充分的重视。本书认为卢梭在马克思思想形成过程中的作用与康德、黑格尔同等重要，是马克思建构唯物史观必不可少的因素。此外，马克思思想的卢梭来源不仅仅是直接受卢梭启发而来，还有经过康德和黑格尔的转化和再审视，由此引发出马克思对卢梭思想的重新认识和吸收，其中"公意"是从卢梭到马克思的中心线索。

马克思和卢梭关系的研究对当代中国政治哲学的构建具有重要的参考价值，对于国家现代化治理如何处理公共性问题可以提供理论资源。在马克思主义中国化、时代化的今天，追溯马克思思想的来源、考察现代性批判的进程可以更好地回应时代之间，以更加丰富的马克思主义理论资源不断进行社会革命和自我革命。本书由于个人学识有限以及完成时间仓促，在马克思和卢梭的关系的研究上仍然存在论证上细节的不足之处，具有很大的再研究空间。笔者会在今后的学习和工作中对本书中所存在的问题不断完善，希望在此研究领域取得突破。

参考文献

马克思、恩格斯原著

《马克思恩格斯文集》第 1—10 卷，人民出版社 2009 年版。

《马克思恩格斯全集》（第 1 卷），人民出版社 1995 年版。

《马克思恩格斯全集》（第 3 卷），人民出版社 2002 年版。

《马克思恩格斯全集》（第 30 卷），人民出版社 1995 年版。

《马克思恩格斯全集》（第 34 卷），人民出版社 2008 年版。

《马克思恩格斯全集》第 3 卷，人民出版社 1960 年版。

其他中文译作

［美］汉娜·阿伦特：《马克思与西方政治思想传统》，孙传钊译，江苏人民出版社 2008 年版。

［美］汉娜·阿伦特：《论革命》，陈周旺译，译林出版社 2019 年版。

［法］路易·阿尔都塞：《政治与历史：从马基雅维利到马克思（1955—1972 年高等师范学校讲义）》，吴子枫译，西北大学出版社 2018 年版。

［苏］勃·姆·别尔纳狄涅尔：《卢梭的社会政治哲学》，焦树按、车铭洲译，中国社会科学出版社 1981 年版。

［英］以赛亚·伯林：《自由及其背叛》，赵国新译，译林出版社 2005 年版。

［美］布鲁姆（Allan Bloom）：《巨人与侏儒——布鲁姆文集》，秦露、林国荣、严蓓雯等译，华夏出版社 2007 年版。

［英］伯尔基（R. N. Berki）：《马克思主义的起源》，伍庆、王文扬译，华东师范大学出版社 2007 年版。

［日］丙行·古人：《跨越性批判——康德与马克思》，李红润等译，法律出版社 2009 年版。

［美］卡罗尔·布鲁姆：《卢梭与美德共和国　法国大革命中的政治语言》，启蒙编译所译，商务印书馆 2015 年版。

［美］丹·布鲁德尼：《罗尔斯与马克思分配原则与人的观念》，张祖辽译，上海人民出版社 2017 年版。

［美］罗伯特·查尔斯·塔克：《马克思主义革命观》，高岸起译，人民出版社 2012 年版。

［英］尼古拉斯·登特：《卢梭》，戴木茅译，华夏出版社 2019 年版。

［苏］彼·费多谢耶夫等：《卡尔·马克思》，孙家衡、胡永钦等译，生活·读书·新知三联书店 1980 年版。

［英］玛丽安·霍布森：《狄德罗与卢梭：启蒙的脉络》，胡振明译，华东师范大学出版社 2014 年版。

［德］黑格尔：《法哲学原理》，范扬、张企泰译，商务印书馆 1961 年版。

［美］吉尔丁：《设计论证——卢梭的〈社会契约论〉》，尚新建、王凌云译，华夏出版社 2006 年版。

［法］科尔纽：《马克思恩格斯传》（第一卷），刘磊、王以铸、杨静远译，生活·读书·新知三联书店 1963 年版。

［德］康德：《康德著作全集》（第 4 卷），李秋零主编，中国人民大学出版社 2005 年版。

［德］亨利希·库诺：《马克思的历史、社会和国家学说——马克思的社会学的基本要点》，袁志英译，上海译文出版社 2006 年版。

［德］恩斯特·卡西勒:《卢梭问题》,王春华译,译林出版社 2009
年版。

［德］康德:《实践理性批判》,邓晓芒译,商务印书馆 2015 年版。

［德］康德:《康德著作全集》(第 6 卷),李秋零主编,中国人民大
学出版社 2007 年版。

［德］卡西尔:《卢梭·康德·歌德》,刘东译,生活·读书·新知
三联书店 2015 年版。

［苏］尼·拉宾:《马克思的青年时代》,南京大学外文系俄罗斯语言
文学教研室翻译组,生活·读书·新知三联书店 1982 年版。

［美］罗素:《西方哲学史》(下),马元德译,商务印书馆 1982 年版。

［美］海因里希·罗门:《自然法的观念史和哲学》,姚中秋译,生
活·读书·新知三联书店 2007 年版。

［法］吕贝尔:《吕贝尔马克思学文集》(上),郑吉伟、曾枝盛译,
北京师范大学出版社 2009 年版。

［美］约翰·罗尔斯:《政治哲学史讲义》,杨通进、李丽丽、林航
译,中国社会科学出版社 2011 年版。

［法］雅克·朗西埃:《歧义:政治与哲学》,刘纪惠、林淑芬、陈
克伦、薛熙平译,西北大学出版社 2015 年版。

［法］卢梭:《卢梭全集》(第 1—9 卷),李平沤译,商务印书馆
2012 年版。

［法］卢梭:《卢梭说平等与民权》,张淏勋编译,华中科技大学出
版社 2017 年版。

［英］洛克:《政府论》,瞿菊农、叶启芳译,商务印书馆 1982 年版。

［苏］阿·伊·马雷什:《马克思主义政治经济学的形成》,刘品大、
马健行等译,四川人民出版社 1983 年版。

［英］戴维·麦克莱伦:《青年黑格尔派与马克思》,夏威仪、陈启
伟、金海民译,商务印书馆 1982 年版。

［英］戴维·麦克莱伦：《马克思传》，王珍译，中国人民大学出版社 2016 年版。

［美］麦卡锡：《马克思与古人古典伦理学、社会正义和 19 世纪政治经济学》，王文扬译，华东师范大学出版社 2011 年版。

［美］小查尔斯·爱德华·梅里亚姆：《卢梭以来的主权学说史》，毕洪海译，法律出版社 2006 年版。

［美］马斯特：《卢梭的政治哲学》，胡兴建、黄涛等译，华东师范大学出版社 2013 年版。

［美］约翰·麦克里兰：《西方政治思想史》，彭淮栋译，海南出版社 2003 年版。

［德］迈尔：《政治哲学与启示宗教的挑战》，余明锋译，华夏出版社 2014 年版。

［法］柯娄德·马佐西科：《二十岁的卢梭对自由的激烈渴望》，郭维雄译，台北：商周出版社 2014 年版。

［美］普拉特纳：《卢梭的自然状态——〈论不平等的起源〉释义》，尚新建、余灵灵译，华夏出版社 2008 年版。

［美］列奥·施特劳斯、约瑟夫·克罗波西：《政治哲学史》（上、下），李天然等译，河北人民出版社 1993 年版。

［美］列奥·施特劳斯：《自然权利与历史》，彭刚译，生活·读书·新知三联书店 2003 年版。

［美］列奥·施特劳斯：《政治哲学史》，李红润等译，法律出版社 2009 年版。

［美］施特劳斯：《什么是政治哲学》，李世祥等译，华夏出版社 2014 年版。

［英］亚当·斯威夫特：《政治哲学导论》，萧韶译，江苏人民出版社 2006 年版。

［英］迈克尔·莱斯诺夫等：《社会契约论》，刘训练、李丽红、张

红梅译，江苏人民出版社 2010 年版。

［美］乔治·萨拜因、托马斯·索尔森：《政治学说史民族国家》，邓正来译，上海人民出版社 2015 年版。

［美］戴维·泰勒、韦农·波各丹诺编：《布莱克维尔政治学百科全书》，邓正来译，中国政法大学出版社 1992 年版。

［美］梯利：《西方哲学史》，葛力译，商务印书馆 1999 年版。

［英］杰弗里·托马斯：《政治哲学导论》，顾肃、刘雪梅译，人民大学出版社 2006 年版。

［美］弗兰克·M. 特纳：《从卢梭到尼采耶鲁大学公选课》，王玲译，北京大学出版社 2017 年版。

［美］唐纳德·坦嫩鲍姆、戴维·舒尔茨：《观念的发明者——西方政治哲学导论》，叶颖译，北京大学出版社 2008 年版。

［意］德拉-沃尔佩：《卢梭和马克思》，赵培杰译，重庆出版社 1993 年版。

［日］望月清司：《马克思历史理论的研究》，韩立新译，北京师范大学出版社 2009 年版。

［美］罗伯特·L. 西蒙：《社会政治哲学编》，陈喜贵译，中国人民大学出版社 2009 年版。

［古希腊］亚里士多德：《政治学》，吴寿彭译，商务印书馆 1997 年版。

中文著作

丁立群、李卓：《实践哲学：传统与超越》，北京师范大学出版社 2012 年版。

黄楠森、庄福龄、林利：《马克思主义哲学史》（第 1 卷），北京出版社 2005 年版。

姜海波：《青年马克思的生产力概念》，人民出版社 2014 年版。

隽鸿飞、郭艳君：《历史唯物主义的生成论阐释及其当代意义》，人民出版社 2015 年版。

康俞生：《马克思主义哲学的人学致思理路》，社会科学文献出版社 2004 年版。

李佃来：《马克思的政治哲学理论与现实》，人民出版社 2015 年版。

林壮青：《卢梭德公意及其形成》，社会科学文献出版社 2016 年版。

李楠明：《价值主体性：主体性研究的新视域》，社会科学文献出版社 2005 年版。

李平沤：《主权在民 VS "朕即国家"——解读卢梭的〈社会契约论〉》，山东人民出版社 2001 年版。

苗力田：《古希腊哲学》，中国人民大学出版社 1989 年版。

沈真：《马克思恩格斯早期哲学思想研究》，中国社会科学出版社 1982 年版。

田冠浩、袁立国：《重建现代性的三次浪潮》，中国编译出版社 2015 年版。

吴永华：《现代自由的谱系：从卢梭到马克思》，中国社会科学出版社 2022 年版。

郗戈：《现代性的矛盾与超越马克思现代性思想与当代社会发展》，中国人民大学出版社 2014 年版。

萧前、杨耕等：《唯物主义的现代形态：实践唯物主义研究》，中国人民大学出版社 2012 年版。

姚大志：《当代西方政治哲学》，北京大学出版社 2011 年版。

俞可平：《权利政治与公益政治》，社会科学文献出版社 2005 年版。

姚大志：《何为正义：当代西方政治哲学研究》，人民出版社 2007 年版。

赵汀阳：《坏世界研究——作为第一哲学的政治哲学》，中国人民大学出版社 2009 年版。

张文喜：《历史唯物主义的政治哲学向度》，江苏人民出版社 2008 年版。

臧峰宇：《马克思政治哲学引论——以人学为视角的当代解读》，中央编译出版社 2009 年版。

张盾：《马克思的六个经典问题》，中国社会科学出版社 2009 年版。

张盾：《黑格尔与马克思政治哲学六论》，学习出版社 2014 年版。

曾誉铭：《哲学与政治之间：卢梭政治哲学研究》，上海社会科学院出版社 2012 年版。

张一兵：《回到马克思——经济学语境中的哲学话语》，江苏人民出版社 2014 年版。

张奎良：《马克思的哲学历程》，上海人民出版社 1993 年版。

张奎良：《马克思的哲学思想及其当代意义》，黑龙江教育出版社 2001 年版。

赵敦华：《现代西方哲学新编》，北京大学出版社 2001 年版。

张志伟：《西方哲学史》，中国人民大学出版社 2002 年版。

论文集中的析出文献

董新民：《卢梭和唯物史观》，载《马克思主义来源研究论丛》，商务印书馆 1987 年版。

［苏］拉宾：《关于马克思写作〈黑格尔法哲学批判〉手稿的时间问题》，载《马列著作编译资料》，人民出版社 1960 年版。

［苏］H. C. 鲁勉采娃：《关于克罗茨纳赫笔记》，载《马列著作编译资料》，刘漠云等译，人民出版社 1983 年版。

［苏］B. 林达：《复辟时期的法国历史学家》，载《马克思主义来源研究论丛》，商务印书馆 1988 年版。

［苏］莫洛索夫：《1843—1844 年马克思对世界史的研究是唯物史观形成的来源之一》，载《马列著作编译资料》，人民出版社 1981

年版。

[法] 陶伯特:《〈黑格尔法哲学批判〉导言的产生与流传》，载《马
　　列主义研究参考资料》，人民出版社 1984 年版。

中文论文

包大为:《孟德斯鸠与卢梭设计权利的概念张力以及哲人政治的共同
　　困境》，《江苏大学学报》2018 年第 9 期。

包大为:《重塑公共的立法实践:卢梭对柏拉图政治哲学的转述》，
　　《杭州师范大学学报》2019 年第 6 期。

包大为、包利民:《卢梭设计理想城邦的条件和意图》，《甘肃社会
　　科学》2019 年第 4 期。

包大为:《卢梭、马克思与我们:科学与文明形态之辩》，《中国矿
　　业大学学报》(社会科学版) 2023 年第 1 期。

白刚:《历史唯物主义在什么意义上是政治哲学》，《教学与研究》
　　2019 年第 1 期。

陈曦:《民主理论的嬗变——从卢梭、托克维尔到马克思》，博士学
　　位论文，南京航空航天大学，2012 年。

陈海平、张庆侠:《从"公民权"与"市民权"的分裂看人的异
　　化——卢梭、马克思现代性批判的契合点》，《武汉科技大学学
　　报》2008 年第 3 期。

崇明:《卢梭思想中的世界主义和普遍意志》，《中国人民大学学报》
　　2011 年第 4 期。

陈肖生:《现代政治秩序的自我奠基的规范性基础——论卢梭契约理
　　论对自然法的改造及其政治哲学难题》，《南京大学学报》2023
　　年第 3 期。

邓晓芒:《从黑格尔的一个误解看卢梭的"公意"》，《同济大学学
　　报》2018 年第 2 期。

段忠桥：《唯物史观是政治哲学吗——与王新生教授商榷》，《中国社会科学评价》2021 年第 3 期。

方博：《自由、公意与社会契约——关于卢梭和康德的一个政治哲学的比较》，《哲学研究》2017 年第 10 期。

付文军：《马克思社会革命思想的理论阐释及其当代意义》，《浙江大学学报》2022 年第 4 期。

高宣扬：《卢梭与马克思：政治的生命现象学探索者》，《马克思主义与现实》2012 年第 3 期。

黄克剑：《"社会契约论"辨正》，《哲学研究》1997 年第 3 期。

黄裕生：《论意志与法则——卢梭与康德在道德领域的突破》，《哲学研究》2018 年第 8 期。

惠黎文：《从专制主义到理想主义——霍布斯、卢梭、黑格尔三种国家观之比较》，《贵州大学学报》2009 年第 2 期。

何中华：《重读卢梭三题》，《山东大学学报》1999 年第 2 期。

韩立新：《从国家到市民社会：马克思思想的重要转变——以马克思〈黑格尔法哲学批判〉为研究中心》，《河北社会科学》2009 年第 1 期。

韩立新：《〈德意志意识形态〉中的市民社会概念》（上），《马克思主义与现实》2006 年第 4 期。

黄晓武：《从卢梭到马克思：德拉沃尔佩的一种逻辑演绎》，《马克思主义与现实》2019 年第 6 期。

何怀宏：《平等与文明——重温卢梭〈论人类不平等的起源和基础〉》，《山西师大学报》（社会科学版）2020 年第 1 期。

何怀宏：《现代伦理学：在康德与卢梭之间》，《道德与文明》2005 年第 1 期。

黄琼璇：《论卢梭自然法学说的内在理路——以施特劳斯对卢梭的解读与误读为线索》，《世界哲学》2021 年第 3 期。

金寿铁：《卢梭、康德、马克思与社会主义理论》，《哲学研究》2008年第4期。

姜海波：《马克思的"卢梭摘要"发微》，《马克思主义与现实》2022年第6期。

柯萌：《马克思对卢梭哲学中自由困境的克服与超越》，《湖南大学学报》2019年第2期。

鲁克俭：《马克思早期文本中的几个文献学问题》，《杭州师范大学学报》2013年第6期。

李佃来：《马克思政治哲学的传统及其推延》，《东岳论丛》2013年第9期。

骆夷、孟偲：《青年马克思开启市民社会与国家关系的另一把钥匙——窥探〈黑格尔法哲学〉中的卢梭镜像》，《广西师范大学学报》（哲学社会科学版）2016年第6期。

李珍刚：《亚里士多德公共治理思想及其启示》，《学习论坛》2015年第9期。

李晓兵、欧阳文川：《论"道德政治"谱系中的卢梭与马克思》，《科学社会主义》2017年第4期。

刘怀玉：《西方马克思主义对卢梭的政治哲学解读：以德拉-沃尔佩、阿尔都塞和朗西埃为例》，《世界哲学》2020年第5期。

马延斌：《历史科学研究在马克思主义形成过程中的重要作用》，《马克思主义研究》1985年第4期。

莫法有：《试论卢梭社会历史学说中的唯物史观因素》，《温州师专学报》1986年第1期。

潘梦璐：《罗尔斯对卢梭立法者难题的化解》，《政治思想史》2020年第1期。

祁涛：《〈黑格尔法哲学批判〉中的"卢梭问题"——基于政治思想史的一项考察》，《武汉大学学报》2016年第1期。

司晓静：《霍耐特视阈中的"社会病理学"早期谱系——从卢梭到马克思》，《甘肃社会科学》2016 年第 4 期。

陶富源：《马克思哲学世界观第一次转变的开端——重读〈黑格尔法哲学批判〉》，《高校理论战线》2006 年第 12 期。

田冠浩：《卢梭的三组范畴对现代文明的重写》，《哲学研究》2018 年第 6 期。

田冠浩：《政治哲学语境中的意识形态问题嬗变——基于对柏拉图、卢梭和马克思的考察》，《求是学刊》2019 年第 6 期。

王培培：《马克思对卢梭政治哲学的认同、批判和超越》，《海南大学学报》（人文社会科学版）2017 年第 6 期。

魏月、程彪：《近代自然法的自我扬弃——霍布斯、卢梭和康德自然法理论对黑格尔法哲学的三个启示》，《北方论丛》2016 年第 6 期。

万健琳：《自由、民主与社会主义合法性——论〈卢梭与马克思〉的当代意义》，《江汉论坛》2005 年第 12 期。

王帆、黄春梅：《从卢梭到马克思：近代共同体思想的发展历程》，《南昌大学学报》2019 年第 3 期。

王代月：《早期马克思政治立场转变中的赫斯因素研究》，《马克思主义与现实》2012 年第 2 期。

王东、王晓红：《从卢梭到马克思——政治哲学比较研究》，《教学与研究》2007 年第 6 期。

王结发：《论公共善的制度化——基于卢梭、黑格尔和马克思观点的分析》，《甘肃理论学刊》2014 年第 2 期。

王贵贤：《契约论批判：从黑格尔到马克思》，《马克思主义与现实》2020 年第 1 期。

王馨曼：《马克思政治哲学的双重维度——基于马克思政治哲学对西方传统政治哲学的超越性意义》，《内蒙古大学学报》（哲学社会科学版）2020 年第 9 期。

张盾：《财产权批判与〈资本论〉的主题》，《江海学刊》2011 年第
　　6 期。

王雨洋：《"卢梭悖论"的内在逻辑与马克思哲学的超越路径》，《高
　　校马克思主义理论研究》2002 年第 3 期。

武广阳：《论财产权与自由——从洛克、卢梭到马克思》，硕士学位
　　论文，中国青年政治学院，2018 年。

吴永华：《现代自由的谱系：从卢梭、黑格尔到马克思》，博士学位
　　论文，吉林大学，2011 年。

薛俊强：《马克思的"个人"、"国家"与"社会"关系视域的开
　　启——从与黑格尔、卢梭的关系视角之审视》，《湖北行政学院
　　学报》2009 年第 5 期。

俞吾金：《在重新理解马克思哲学的途中——卢卡奇、德拉-沃尔佩、
　　科莱蒂和阿尔都塞的理论贡献》，《上海交通大学学报》2007 年
　　第 5 期。

姚大志：《国家是如何诞生的？——美国新自由主义与社会契约论》，
　　《开放时代》1997 年第 2 期。

袁立国：《历史唯物主义视野中的契约论传统》，《江汉论坛》2014
　　年第 1 期。

张盾、袁立国：《论马克思与古典政治经济学的理论渊源》，《哲学
　　研究》2014 年第 3 期。

杨君：《政治的道德基础：从卢梭到马克思》，《河南大学学报》
　　2014 年第 5 期。

叶开儒：《大国共和中的自由与秩序——卢梭〈关于波兰政体的思
　　考〉评注》，《政治思想史》2020 年第 1 期。

杨荣：《马克思政治哲学得以确立的思想史"剥离"路径》，《深圳
　　大学学报》（人文社会科学版）2020 年第 2 期。

张一兵：《青年马克思的第一次思想转变与〈克罗茨纳赫笔记〉》，《求是学刊》1999 年第 3 期。

张钟朴：《〈资本论〉创作史系列讲座之一——从〈克罗茨纳赫笔记〉到〈伦敦笔记〉》，《马克思主义与现实》2012 年第 5 期。

张盾：《卢梭的问题 康德的回答——重思康德先验伦理学的动机》，《社会科学》2008 年第 9 期。

张盾：《马克思哲学研究的思想史路径——以"市民社会与历史唯物主义"为案例》，《哲学研究》2010 年第 1 期。

张盾：《"道德政治"谱系中的卢梭、康德、马克思》，《中国社会科学》2011 年第 3 期。

张盾：《财产权批判的政治观念与历史方法》，《哲学研究》2011 年第 8 期。

张盾、袁立国：《对社会的再发现：从卢梭到马克思》，《马克思主义与现实》2012 年第 3 期。

张雯：《文明与道德的悖反——卢梭、康德社会进步思想的考察与反思》，《理论月刊》2019 年第 1 期。

钟英法：《卢梭与康德伦理思想的比较》，《兰州学刊》2006 年第 6 期。

曾枝盛：《卢梭及其在马克思主义中的地位》，《马克思主义与现实》2012 年第 3 期。

张亮：《走向"历史的"唯物主义——马克思 1843 年间思想发展的内在逻辑》，《甘肃社会科学》1999 年第 6 期。

张文喜、包大为：《政治哲学史中"市民社会"概念之嬗变——从卢梭到马克思的辩证思维发展历程》，《西北大学学报》（哲学社会科学版）2014 年第 1 期。

邹诗鹏：《再论唯物史观与启蒙》，《哲学研究》2011 年第 3 期。

邹诗鹏：《马克思对黑格尔国家法哲学的批判及其理论效应——自由

主义批判视域下的重理与检视》,《哲学研究》2020 年第 4 期。

臧峰宇:《苏格兰启蒙运动与马克思的正义论》,《哲学研究》2014 年第 1 期。

张文喜:《政治哲学问题域及其建构》,《理论探讨》2018 年第 5 期。

赵敦华:《黑格尔的法权哲学和马克思的批判——两种政治哲学观念的交锋》,《哲学研究》2015 年第 6 期。

赵敦华:《卢梭人性论的四个维度》,《北京大学学报》(哲学社会科学版)2023 年第 4 期。

周莹:《科莱蒂论卢梭与马克思》,《东南学术》2002 年第 3 期。

曾誉铭:《自由与德性——卢梭政治哲学思想研究》,博士学位论文,复旦大学,2006 年。

周穗明:《当代西方政治哲学:定义、概况与意义》,《国外社会科学》2015 年第 2 期。

张靖伟:《马克思与卢梭的人民主权思想比较研究》,硕士学位论文,西南大学,2012 年。

外文文献

Colin Bird, *An Introduction to Political Philosophy*, Cambridge University Press, 2006.

Elster Jon, *Making Sense of Marx*, Cambridge:Cambridge University Press, 1985.

Harvey C. Mansfield, *A Student's Guide to Political Philosophy*, Intercollegiate Studies Institute, 2001.

Karl Marx, *Friedrich Engels Gesamtausgabe*(*MEGA*2), Band IV/3, Dietz Verlag Berlin, 1998.

Karl Marx, *Friedrich Engels Gesamtausgabe*(*MEGA*2), Band IV/4, Dietz Verlag Berlin, 1988.

Karl Marx, *Friedrich Engels Gesamtausgabe* (*MEGA*2), Band IV/5, Dietz Verlag Berlin, 2015.

Lucio Colletti, *From Rousseau to Lenin*: *Studies in Ideology and Society*, translated from the Italian by John Merrington and Judith White, London: Monthly Review Press, 1972.

Leszek Kolakowski, *Main Currents of Marxism*: *Its Rise*, *Growth*, *and Dissolution*, translated by P. S. Falla, Oxford: Clarendon Press, 1978.

Paul Smith, *Moral and Political Philosophy*: *Key Issues*, *Concepts and Theories*, Printed and bound in Great Britain by CPI Antony Rowe, Chippenham and Eastbourne, 2008.

RobertE. Goodin Philip Phttit, *Contemporary Political Philosophy An Anthology*, Canberra: Australian National Uniersity, 1997.

后　记

　　书稿的写作终于接近尾声，内心五味杂陈，同时充满感激。书稿是在我博士毕业论文基础上完善而成，读博的这五年是非常具有纪念意义的时光，在这期间我完成了结婚生子的人生大事，也完成了人生中的第一本专著，我想把它献给我的爷爷。

　　鲁迅先生曾说："故乡是乡愁的记忆，她只属于童年，成年后再无故乡。"我出生在黑龙江省的一个林区，记忆中最深刻的是四周的山和遍地的雪，以及我的家。我的家是个大院子，有两排四间房，我家与爷爷奶奶、叔叔、姑姑几家一起生活，这个大院子已经消失了很多年，但是有关院子的回忆永远都在。爷爷在我成长的路上起到了重要的角色，还没有上小学的时候，爷爷给我买了我人生中的第一本《新华字典》，我如获至宝，立刻给它包上"书皮"，这个书皮是用报纸给它整个包了起来，我舍不得打开，但这本《新华字典》开启了我的求知生涯。爷爷是我们这个大家庭的家长，他很严厉，在家里享有发号施威的特权，承担起管教我们三个孙子（女）的责任，他教导我们为人处世，努力学习，重视亲情。

　　爷爷对我更是偏爱，在我出生时当地重男轻女的风气还很重，爷爷对外人说我们家就喜欢女孩，他是这么说也是这么做的，给我提供了更多的物质的支持和精神上的关爱。每当我遇到困难时总是第一时间给我安慰和鼓励，用他的方式爱护着我。从高中开始住校后，我就半个月回家一次，到了大学变成每个学期回家一次，后来工作了过年回去一次，成家了甚至一年也回不去一次……但是，每次都是先回爷爷家。

一寸故土一寸思，半生风雨半生离。回不去的不仅仅是故乡，还有忘不了的童年记忆，以及那些已经永远停留在过去的一切回忆。在家乡，我完成了小学、初中、高中学业，当时最大的愿望就是想离开家乡。高考后如愿考到了哈尔滨，选择了哲学专业。

在高考报考选择哲学专业的时候，我并不知道哲学是什么，是黑大哲学院的老师们带我走入了哲学的殿堂，在这个殿堂里认识了马克思、卢梭、康德、黑格尔……记得刚上西方哲学史的课，罗跃军老师讲到世界的本原问题，泰勒斯"世界的本原是水"、赫拉克利特"世界是一团永恒的活火"等，听得我一头雾水，甚至颠覆了认知。黑大哲学基础深厚，专业课程很丰富，为了能够读原著必修课中还有德语，在我们的同学之中不乏哲学天赋者、饱读经典者，在这个集体中我平凡无奇，学习也是为了应付考试。直到接触到逻辑学，我发现自己对逻辑推理感兴趣，期末考试我还拿到了 100 分，顿时信心满满，重新开始了探索哲学之路。

大三的时候遇到了我的导师姜海波教授，那是一门哲学前沿问题的课程，老师让每位同学选择一个问题自己讲，我选择了马克思和恩格斯的思想关系这一主题，精心准备了 PPT，那算是我第一次查找文献、独立梳理逻辑线索、把问题弄清楚，那节课我获得了老师的表扬。从本科毕业论文起我就选择了姜老师作为我的指导教师，硕士期间他帮我确定了"马克思和卢梭的思想关系"这个研究方向，博士鼓励我继续做这个题目。老师对我说："这是一个可以终身研究的课题，做了这个题目，就要成为这个领域的专家，在马克思和卢梭关系的问题上，别人说的你都知道，你说的别人不一定知道。"在确定了博士论文的选题之后，老师给我推荐了大量的相关书目，从西方的政治哲学史开始为我梳理论文的思路。每次去哈尔滨上课期间都会找个时间，针对论文的某一方面进行讨论，老师每次都是做足了准备，拿出专用的小本子记录，老师总是能像讲故事一样将论文所涉及的哲学史娓娓道来。老师非常愿意与学生讨论交流，毫不吝啬地将自己所学传授给我们。论文的提纲进行多次修改，写作过程中不时地督促和持续地鼓励。论文交给老师后，他又逐字逐句地进行修改，对章节目标题反复推敲，针对最后一章存在的观点不明晰、论证单薄等问题给出详细修改方案，可谓倾注了大量的心血。老师前沿的学术思想和渊博的知识储备令我敬佩，同时我也怕辜负了老师的期望。

我也要感谢黑龙江大学哲学院其他老师们十几年的培养和教诲。张奎良教授大家风范，耄耋之年仍坚持教学和写作，令人敬仰；丁立群教授学术视野广阔，教导学生循序善诱；李楠明教授哲学功底深厚，教学严谨亦不失慈爱；康渝生教授思想睿智，谈吐风趣幽默；郭艳君教授寓哲学于生活，给我以启迪；李金辉教授勤勉治学，为人谦和。在预答辩中，各位老师给予这篇论文以中肯的评价和修改意见，外审专家也很认真地给出评语、指出论文不足之处，我都谨记于心并充满感激。在毕业论文答辩时，外请专家贺来老师和刘爱军老师，也提出了一些非常有益的建议。贺来老师高屋建瓴，一针见血地指出论文应该针对某一个核心观点深入探讨，而不是广泛论之、面面俱到；刘爱军老师特别认真地帮我梳理了一些我没有用到的中英文文献。老师们的建议和意见我都铭记于心，在书稿中有所修改和完善。我相信学无止境，希望在今后的学术工作中，更加努力和勤奋地进行哲学研究，以弥补博士期间的遗憾和回报老师们的恩情。

感谢博士同窗的陪伴和鼓励，回想起上课期间每周的往返，虽然辛苦但是很快乐，博士同学之间有很深的情谊，一年半的博士课程我们接触时间比较多，我们大都有家庭和工作，在学校的日子是难得的属于自己的时光。在这段时光里，还有同学的陪伴，我们一起讨论学术、聊聊生活，很是珍惜和难忘。

感谢吉林省社科院的领导和同事们，幸由院（会）给予我攻读博士学位的机会，特别感谢哲学所所长周老师的支持和鼓励，马列所所长永华姐的关爱。周老师总是关心我论文的写作进度，不时地督促我，恐怕我完不成学业留下遗憾。所里还邀请了吉林大学研究马克思和卢梭思想关系的专家田冠浩老师来讲座，为我解答了一些困惑，同时打开了新的思路。永华姐是从自由角度研究马克思与卢梭思想关系的，并出版了专著，第一时间赠我参考。周晶研究的是西方政治哲学，特别是契约论传统，也是我书稿写作的主要内容，对康德思想的不理解之处她总是给我不厌其烦地讲解。在写博士论文期间，经常与富娆一起上下班，来办公室写作保证了我独立的研究空间和安静的思考。院里其他同事也给予我很大的帮助，一并表示感谢。

感谢中国社会科学出版社的刘亚楠编辑，为本书的出版付出很多努力，从整体排版到文字校对细致周到，感谢刘编辑在出版工作中全程给予的指导和帮助。

最后，感谢我的父母，他们是我最坚强的后盾，一直在我身边，默默承担了所有的家务、帮我分担了照顾孩子的责任，我才可以没有后顾之忧地去学习和工作。父母在身边，感觉自己还是个孩子；感谢我的爱人舒风风的理解和包容，他是一个很有韧性的人，也从事科研工作，我们有很多共同的话题。他的专业是光学工程，张奎良老师开玩笑说我们是"哲学之光"的组合，理工男不会制造惊喜和浪漫，但是很踏实舒服，对我的各种决定从来都是无条件支持，让我毫无压力地追求自己的梦想；我们的女儿舒清婉已经三岁了，从她未出生时我就开始构思书稿的写作，到现在书稿即将出版，她也是最重要的见证者。她的古灵精怪总是让我们这个家里充满欢声笑语，化解我们所有的身心疲惫，是繁忙的工作和琐碎生活中的最大的安慰，是我不断前进的最强动力！

2024 年 3 月于长春